KLIMAWANDEL

Mögliche Folgen und Bewältigungsprobleme für Kommunen, Bürger und Gesellschaft

Fachprojekt-Gruppe 2016 an der Hochschule für öffentliche Verwaltung Kehl

RA Ralf Bernd Herden

Herstellung und Verlag:

BoD – Books on Demand, Norderstedt.
ISBN: 9783744818261

Internet:

www.rechtsanwalt-herden.de und www.77776.de

MIX
Papier aus verantwortungsvollen Quellen
Paper from responsible sources
FSC® C105338
FSC
www.fsc.org

Diese Arbeit und alle ihre Inhalte dienen ausschließlich der allgemeinen Information und Bildung, insbesondere ausdrücklich nicht der Beratung in individuellen Einzelfällen: Die Nutzung der hier gegebenen Hinweise und Empfehlungen erfolgt immer auf eigene Gefahr und eigenes Risiko. Jede hier gegebene Empfehlung muss im Einzelfall unter örtlichen, sachlichen, zeitlichen und persönlichen Voraussetzungen vor dem praktischen Einsatz sorgfältig geprüft werden.

Für alle rechtlichen Hinweise gilt: Stand zum Zeitpunkt der Veröffentlichung (Mai 2017). Gesetzgebung und Rechtsprechung sind steter Fortentwicklung (Veränderung) unterworfen. Eine Gewähr für Vollständigkeit und Richtigkeit muss ausdrücklich ausgeschlossen werden. Auch eine sorgfältige Bearbeitung schließt Irrtümer oder Bewertungsdifferenzen nie aus. Im Einzelfall muss stets die Beratung durch einen Rechtsanwalt, Notar oder Steuerberater gesucht werden.

INHALTSVERZEICHNIS

VORWORT

Der Klimawandel ist heute fast überall aktueller Gesprächsgegenstand. Nicht immer werden dabei abgedroschene Behauptungen durch Tatsachen ersetzt, werden globale Beobachtungen in Zusammenhang mit regionalen Ereignissen gesetzt. Klimawandel gilt es, möglichst objektiv und sachlich zu betrachten.

Wir wollten uns mit unserem Fachprojekt dem Problemkreis Klimawandel widmen, weil er gegenwärtig und zukünftig für uns und unser aller Umwelt von größter Bedeutung ist. Diese Bedeutung wird sich auch in der kommunalen Praxis niederschlagen müssen, wenn wir die Zukunft erfolgreich bewältigen wollen.

In unserem Projektteam haben wir Fakten und Lösungsansätze gemeinsam erarbeitet und abgewogen. Uns war bewusst, dass wir dabei nicht mehr als Denkanstöße geben können. Zugleich müssen wir alle erkennen: Klimawandel findet statt. Auch bei uns und vor unserer Haustür.

Wir wollten mit unserem Fachprojekt dazu beitragen, dass das Problem weiter in Denken und Handeln präsent bleibt. Klar ist uns dabei geworden: Es darf zur Lösung anstehender, existentieller Fragen keine Denkverbote geben: Auch unkonventionelle Denkweisen müssen sachlich und abwägend überprüft werden – im Gesamtzusammenhang, und nicht isoliert gesehen.

Wir werden die Probleme der Zukunft insgesamt nur lösen können, wenn wir wie unsere Fachprojektgruppe offen und fair nach Lösungen suchen.

RA Ralf Bernd Herden

AUSWIRKUNGEN AUF DAS GLOBALE ÖKOSYSTEM

Jasmin Becht, Eileen Gatzke

1. KLIMAMIGRATION

Verfasst von: Jasmin Becht

1.1. Der Begriff „Klimamigration“

Definition:

Schon vor dem uns heute allzu bekannten Thema des anthropogenen – also vom Menschen verursachten - Klimawandels gab es bereits Migration aufgrund des Klimas. Umweltveränderungen haben seit jeher Lebensräume zerstört und die Menschen zu Wanderungen bewegt, also eine Bevölkerungsverschiebung verursacht.

Durch den voranschreitenden Klimawandel, wird es in den nächsten Jahrzehnten vermehrt zu einer Migration der Weltbevölkerung aufgrund des Klimas kommen.

Es ist jedoch nicht leicht, den Begriff der „Klimamigration“ zu definieren. Dahinter verbirgt sich ein komplexer Prozess. Er ist vielfältig und schwierig einzugrenzen. Dabei stellt sich die Frage, wer eigentlich ein Klimaflüchtling ist. Ist zum Beispiel der Hausbesitzer in Deutschland, der aufgrund der Angst vor den sich häufenden Fluten auf der Elbinsel in Hitzacker nach Hamburg zieht genauso ein Flüchtling, wie der afrikanische Nomade, der mit seiner Viehherde in der von Dürre geplagten Sahelzone kein Auskommen mehr hat? Darauf soll im Folgenden näher eingegangen werden.

Es liegen eine Vielzahl verschiedener Definitionen vor, die von Wissenschaftlern und zivilgesellschaftlichen Institutionen entwickelt wurden, um die Klimamigration abzuschätzen und mögliche Handlungsszenarien zu entwickeln. Im Wesentlichen konzentrieren sich diese aber auf die unfreiwillige Migration, welche umwelt- und klimabedingt ist. Auslöser dafür sind die Folgen des Klimawandels. Wobei die freiwillige Migration, z.B. aufgrund wirtschaftlichen Gründen infolge von anhaltenden Dürren, zunehmend eine Rolle spielt.

Der Klimawandel wird vom Weltklimarat wie folgt definiert:

„Climate change refers to a change in the state of the climate that can be identified (e.g., by using statistical tests) by changes in the mean and/or the variability of its properties, and that persists for an extended period, typically decades or longer. Climate change may be due to natural internal processes or external forcings, or to persistent anthropogenic changes in the composition of the atmosphere or in land use." (IPCC 2007: S. 667)

Bezeichnungen wie Umweltflüchtling, Umweltmigrant, Klimavertriebener oder Klimaflüchtling werden parallel verwendet. Die Begriffe Migration und Flucht werden miteinander vermischt. Zunächst gilt es, Migration und Flucht zu unterscheiden.

Während freiwillige Wanderungen, zum Beispiel aufgrund von Einschränkungen der Lebensqualität, meist als „Migration" bezeichnet werden, spricht man bei unfreiwilliger Wanderung eher von „Flucht" oder „Vertreibung". Viele Autoren vermeiden aber die Begriffe „Umweltflüchtling" und „Klimaflüchtling", da diese nicht dem internationalen Flüchtlingsrecht entsprechen. Zudem gelten sie als irreführend. Stattdessen werden Bezeichnungen wie „unfreiwillige Umweltmigration“ bzw. „erzwungene Klimamigration“ verwendet.

Die Genfer Flüchtlingskonvention definiert einen Flüchtling nur durch die Verfolgung durch andere Menschen etwa aus politischen, ethnischen oder religiösen Gründen. Zudem müssen Flüchtlinge internationale Grenzen überschritten haben, sonst gelten sie nicht als „Flüchtlinge“ sondern als „Vertriebene“. Klimaschäden gelten daher in der Genfer Flüchtlingskonvention nicht als Grund für Asyl. Auch im deutschen Asylrecht finden die Klimaflüchtlinge keinerlei Anerkennung.

Zu den Umweltflüchtlingen werden auch solche Menschen gezählt, die zur Migration gezwungen sind, aus Gründen, die nicht anthropogen oder klimabedingt sind. Das sind zum Beispiel Flüchtlinge aufgrund von geophysikalischen Ereignissen wie Erdbeben, Vulkanausbrüche und Tsunamis. Auch große Industrieunfälle, Verseuchungen oder Umsiedlungen infolge von Bauprojekten (z.B. Staudämme) ziehen Migration nach sich.

Trotz zahlreicher Definitionsversuche hat sich bis heute weder eine allgemein akzeptierte noch eine verbindliche Definition der sogenannten Klimamigration durchgesetzt. Der Begriff ist strittig und wurde in den beiden letzten Jahrzehnten zum Gegenstand einer hitzigen Diskussion. Allerdings wird sich in Zukunft zeigen, dass der Klimawandel die Ursache dafür war, dass Menschen ihre Heimat verlassen haben.

Aufgrund der Vielschichtigkeit der verwendeten Begriffe wird hier der Einfachheit halber der Begriff „Klimamigration“ benutzt. Dieser soll als Sammelbegriff der vielen der umwelt- und klimabedingten Migration zugeordneten Bezeichnungen dienen.

1.2. Daten

Derzeit existieren keine belastbaren Daten zum gegenwärtigen Bestand der Klimamigranten; noch zu Prognosen, welches Ausmaß von Klimamigration zu erwarten ist. Bei den meisten Zahlen zu diesem Thema handelt es sich um Schätzungen oder Spekulationen. Die Internationale Organisation für Migration (IOM) schätzt, dass es bis zum Jahr 2050 ca. 200 Millionen vertriebene aufgrund des Klimawandels geben wird.

Auch über das zu erwartende Ausmaß von Klimamigration gibt es noch keine wirklich belastbaren Daten.

1.3. Handlungsbedarf

Trotz der Unsicherheiten hinsichtlich der Definition des Begriffes und der Zahlen werden komplexe Zusammenhänge klar, die Handlungsbedarf nach sich ziehen. Es sind Ansätze notwendig, die neben der Reduzierung der Treibhausgase auch Maßnahmen bezüglich der steigenden Klimamigration mit sich bringen müssen. So müssen für zukünftig eintretende Ereignisse Vorsorge getroffen werden und angemessene Handlungsinstrumente entwickelt werden. Solche Prozesse sind bereits im Gang: Klimamigration hat Eingang in die UN-Klimarahmenkonvention (United Nations Framework Convention on Climate Change, UNFCCC) gefunden. Einige Staaten beginnen schon jetzt damit, klimabedingte Umweltereignisse in ihren nationalen Flüchtlingsregimen zu berücksichtigen.

1.4. Dimensionen der Klimamigration

Die größte Herausforderung bei der Beschreibung des Nexus Klimamigration ist die Abgrenzung der Phänomene, die unter das Thema fallen. Oftmals gibt es keine Unterscheidung zwischen den Faktoren, die die Migration auslösen, also dem Klimawandel im engeren Sinne und den Veränderungen der Umwelt insgesamt. Ferner werden das Ausmaß und der Verlauf der Migration durch zeitliche Umwelt- bzw. Klimaveränderungen (plötzlich oder schleichend) beeinflusst.

Unter plötzlichen Klimaveränderungen versteht man einzelne Katastrophen, wie Sturmfluten,

Überschwemmungen durch Starkregen oder Staudammbrüche oder auch Wald- und Buschbrände. In Folge oder aufgrund einer Naturkatastrophe werden die Menschen temporär vertrieben. Dazu wird meist das nächstgelegene Gebiet aufgesucht, das Sicherheit und Zuflucht bieten kann. Nach einzelnen Katastrophen können Menschen in der Regel schnell an ihren Wohnort zurückkehren.

Durch ungleichmäßiges Erwärmen des Planeten wird es in Zukunft häufiger zu immer heftigeren Stürmen und Unwettern kommen.

Die schleichende Klimaveränderung ist ein langsamer Prozess, der sich über viele Jahre hinweg erstreckt, wie zum Beispiel die zunehmende Desertifikation. Bei diesen langsamen Veränderungen ist der Bezug zur Migration nicht immer deutlich darzulegen, da die Menschen in den betroffenen Gebieten Anpassungsmaßnahmen unternehmen. Sie verändern zum Beispiel die Bodennutzung oder die Art und den Umfang der Bewässerung. Für die Bevölkerung kommt eine Abwanderung deswegen nicht in Betracht. Sollten sie jedoch trotzdem abwandern - meist erst nach einiger Zeit - stellt sich die Frage, ob die klimawandelbedingte Veränderung der Auslöser dafür ist oder ob andere sozioökonomische Gründe in dem Zusammenhang mit dem Funktionieren der Anpassungsmaßnahmen die Ursache sind.

Weitere Beispiele für schleichende Prozesse sind unter anderem das Auftauen von Permafrostböden, das Schmelzen der Gletscher was wiederum den Anstieg des Meeresspiegels verursacht.

Allerdings gab es auch schon vor dem gegenwärtigen Phänomen des Klimawandels starke Naturkatastrophen, die die Menschen zu Migration gezwungen haben. Nicht jeder einzelne Sturm lässt sich also auf den Klimawandel zurückführen. Dies muss bei der Definition der Klimamigration ebenfalls berücksichtigt werden.

Migration kann freiwillig und geplant, aber auch gezwungenermaßen und fluchtartig ablaufen. Wenn Menschen freiwillig abwandern, gehen sie in für sie reizvollere Gebiete, wo sie z.B. mehr verdienen oder das Klima angenehmer ist. Zudem spielt es eine Rolle, wie lange die Migration dauert und ob diese binnenstaatlich oder grenzüberschreitend verläuft. Der

Großteil der Klimamigration erfolgt binnenstaatlich oder in Richtung der Nachbarländer - selten im großen internationalen Maßstab.

Die Möglichkeit zur Migration steht jedoch nicht allen offen. Bevölkerungsteile, die trotz starker Umweltbelastung zu arm sind oder nicht die Möglichkeit bzw. Fähigkeit haben, um abzuwandern, nennt man „trapped population" („festsitzende" Bevölkerung). Darunter fallen unter anderem Menschen mit geringerem Einkommen aus sozial benachteiligten Gebieten. Ein Beispiel dafür sind die Menschen in New Orleans, welche im Jahr 2005 trotz des Hurrikans Katrina teilweise gezwungen waren, in ihren Häusern zu bleiben oder in Notunterkünfte auszuweichen, während reichere Bevölkerungsteile abwandern konnten, noch bevor der Sturm sie heimsuchte.

Drei Viertel der globalen CO_2-Emissionen kommen aus den Industrieländern, in denen nur ein Vierten der Weltbevölkerung lebt. Die Ärmsten der Welt, die weitgehend unschuldig sind an der Klimaerwärmung, werden als erstes und am heftigsten von diesen Folgen getroffen, da sie hauptsächlich von der Landwirtschaft leben. Darauf hat der Klimawandel massive Auswirkungen, unter anderem durch langanhaltende Dürren, Wasserknappheit und Bodenerschöpfung. Wenn die Verwundbarkeit der Bevölkerung besonders hoch ist, kommt es bei entsprechenden Klimaveränderungen zur Flucht, da keine Alternative mehr bleibt.

Es gibt fünf Gebietstypen, auf die der Klimawandel besonders negative Auswirkungen hat:

1. Küstengebiete: Diese sind anfällig für Überschwemmungen und Sturmfluten, bedingt durch den Anstieg des Meeresspiegels.

2. Flusstäler und Flussdeltas, die durch Uferüberflutungen negativ beeinflusst werden (z.B. Ganges-Delta, Nil-Delta).

3. Niedrig gelegene Inselstaaten, insbesondere Atolle (ringförmiges Riff, das eine Lagune umschließt), die durch den Meeresspiegelanstieg, die Erwärmung der Erdoberfläche und extremer Wetterereignisse besonders gefährdet sind.

4. Semiaride und aride Gebiete, in denen Dürren und der Zugang zu Wasser bereits zu Problemen führen, werden eine Verschärfung des Wassermangels durch die zunehmende Desertifikation erfahren. Zusätzlich sind diese Regionen meist gerade diejenigen, die derzeit ein sehr schnelles Bevölkerungswachstum erleben, z.B. Sahelzone.

5. Gebiete in den höheren Breiten (z.B. Polarregionen, Tundra) und in großen Höhen (Gebirge) sind beispielsweise wegen abschmelzender Gletscher, Erosion oder Auftauen von Permafrostböden gefährdet.

Viele Orte auf der Welt sind stark von der Klimaveränderung und damit der Klimamigration betroffen. Nachfolgend soll anhand einiger Beispiele die kritische Lage verdeutlicht werden.

Küstengebiete und Inseln

Durch das Abschmelzen der Eismassen in den Polregionen droht ein Anstieg des Meeresspiegels von bis zu 88 cm bis zum Ende des Jahrhunderts. Weltweit leben gegenwärtig rum 200 Millionen Menschen in den

Küstengebieten, die nur bis zu einem Meter über dem Meeresspiegel liegen.

Wie bereits oben erwähnt mussten im Jahr 2005 Hunderte Menschen vor dem Hurrikan Katrina fliehen. Er zerstörte große Teile der Stadt. Viele der Einwohner New Orleans sind deshalb bis heute nicht zurückgekehrt. Viele Ereignisse lassen sich nicht eindeutig auf den Klimawandel zurückführen. Dieser Sturm lässt sich allerdings auf die besonders hohe Temperatur in der Golfregion zu dieser Zeit zurückführen und somit auch zum Teil auf den Klimawandel. Diese extremen Stürme werden in Zukunft noch häufiger und heftiger. Damit ist Katrina ein Beispiel, wie der Klimawandel auch in entwickelten Ländern Umweltmigration auslösen kann.

Auch die Inselstaaten im Südpazifik mit ihren ca. sieben Millionen Einwohnern sind betroffen. Die meisten Menschen leben an oder nahe der Küste. Diese Staaten werden mehrheitlich als arm eingestuft. Die Möglichkeiten, sich an die Folgen des Klimawandels anzupassen, sind daher äußerst gering. Viele Inseln werden aufgrund des Anstiegs versinken, die Bewohner werden somit zu Staatenlosen. Ein Bau von Deichen und Schutzmaßnahmen ist in diesen Gebieten aus finanziellen Gründen meist nicht möglich.

Beliebte Urlaubsziele wie die Malediven, wo 80 Prozent der Landfläche nur einen Meter über dem Meer liegen, werden ebenfalls die Folgen des Klimawandels, und daher auch Klimamigration, erleben

Nicht nur New Orleans oder Inseln im Südpazifik droht dieses Schicksal, sondern unter anderem auch Ballungszentren wie New York und die japanische Küste.

Sahelzone

Afrika ist aufgrund seiner geografischen Lage und seiner geringen Anpassungsmöglichkeiten aufgrund der weit verbreiteten Armut besonders anfällig für die Folgen des Klimawandels. Folglich ist Migration oft die einzige Anpassungsoption. Große Teile der Landesfläche gehören zur Sahara und der Wüstenrandzone Sahel. Aufgrund des Klimawandels wird die extreme Dürre und Desertifikation zusätzlich verstärkt. Wo einst fruchtbares Land war, breiten sich immer weiter Wüsten durch Trockenheit und menschlicher Übernutzung aus. Die anhaltenden Trockenperioden gefährden die Ernten, was zu wirtschaftlichen Einbußen, Wasserknappheit und Hungersnöten führt. Während nach Dürren das Land bei steigenden Niederschlägen wieder erholt, wird durch die Desertifikation der Boden irreversibel geschädigt. Durch das rasante Bevölkerungswachstum wird die Übernutzung durch den gesteigerten Nahrungsmittelbedarf zusätzlich verstärkt.

Die sich schleichend fortsetzende Desertifikation führt zu einer wachsenden Binnenmigration, weg von den sich bildenden Wüsten.

Polarregionen

In polaren Regionen drohen die dortigen Permafrostböden ganz oder teilweise aufzutauen. Dies stellt eine Gefahr für die menschlichen Siedlungsstrukturen dar. Durch das weich werden des Bodens sind Fundamente von Bauwerken und Straßen in Gefahr. Ferner tritt durch das Auftauen Methan in die

Atmosphäre, was den Klimawandel wiederum vorantreibt.

Europa

Auch wir in Europa sind von dem Klimawandel und der nachziehenden Klimamigration betroffen. Das Risiko von Hochwasser und Starkniederschlägen steigt. Besonders Südeuropa erleidet häufiger Hitzewellen, Waldbrände und Ernteeinbußen.

In den Alpen kam es bereits zu Umsiedlung von Dörfern aufgrund von niedergehenden Muren und zunehmenden Bodenerosionen. Auch Lawinen werden durch das Abschmelzen der Gletscher immer häufiger.

1.5. Lösungsansätze

Die Klimamigration aufzuhalten wird nicht mehr möglich sein. Aber man kann versuchen, sie so weit wie möglich zu verringern. Natürlich steht dazu an erster Stelle die Reduzierung des Klimawandels durch Reduzierung von Treibhausgasen. Dadurch soll die Veränderung des Klimas verlangsamt und reduziert werden.

Den zunehmend stärkeren Wetterereignissen kann durch Ausbau der Frühwarnsysteme vorgebeugt werden.

Auch der effektive Hochwasserschutz muss weiter ausgebaut werden, um die Bevölkerung zu schützen. Zum Beispiel in Male, der Hauptstadt der Malediven wurde zwar ein drei Meter hoher Deich um die Stadt gebaut. Dieser Bau dauerte 14 Jahre und kostete über 60 Millionen US-Dollar. Die Kosten wurden von der japanischen Regierung übernommen, da die Malediven diese Summe schlicht weg nicht aufbringen konnte. Daraus lässt sich schließen, dass ein Deichbau für weitere Teile der Malediven keine Option darstellt. Es bleibt nur eine Evakuierung, zu der sich die Mehrzahl bereit erklärt.

Die meisten Menschen werden innerhalb ihrer Landesgrenzen nach Obdach suchen, während nur ein Teil in andere Länder ziehen wird.

Die Vertreibung aus der Heimat könnte mit Anpassungsmaßnahmen an die neuen Klimabedingungen verhindert werden, diese sind aber in der Regel sehr kostspielig und erfordern Ressourcen, die bei den Betroffenen oftmals nicht vorhanden sind.

Industriestaaten sollen aufgefordert werden, Ressourcen und Mittel für Staaten bereitzustellen, die die Anpassung an die Umweltveränderungen nicht aus eigener Kraft leisten können. Dies wäre zum Beispiel vorstellbar, indem man nicht erneuerbare Energieträger besteuert, so dass diesen eine Lenkungswirkung zukommt.

Die Migranten, die ihre Heimat bereits verlassen haben und in ein fremdes Land eingewandert sind, sollen geschützt und integriert werden. Es müssen sich mehr Länder dazu bereit erklären, Klimamigranten aufzunehmen. Gerade diese, deren Lebensraum komplett zerstört wird, wie die Inselbewohner, deren Heimat in absehbarer Zeit verschwinden wird, brauchen Zufluchtsorte.

Die Regierungen sollen zudem zukünftige Potentiale der Klimamigration für alle Seiten in ihre Politik einbringen und nutzen. Einige Staaten haben schon damit begonnen, die Klimamigration in ihren nationalen Flüchtlingsregimen zu berücksichtigen.

Es werden neue Denkanstöße und praktische Ideen gebraucht, um die Gefahren zu verringern, die Klimamigration auf die menschliche Sicherheit und Gesundheit auslöst.

1.6. Fazit

Aufgrund der Unsicherheit über Wirkungszusammenhänge, Ausmaß und Folgen des Phänomens der Klimamigration sowie dessen Definition und rechtlicher Status ist noch deutlich mehr Forschung notwendig, um die Wirkungszusammenhänge der Klimamigration besser zu verstehen. Je präziser die Ergebnisse sind, umso besser können politische Instrumente entwickelt werden, um Vorsorge zu treffen.

Die meisten Forscher sind sich jedoch schon heute einig, dass der Grund für Migration immer häufiger der Klimawandel sein wird.

Quellen:

Literatur

Exklusionen / Inklusionen von Umweltflüchtlingen
Lena Kreck
2016
Velbrück Wissenschaft, Weilerswist

Internet

Bundesamt für Migration und Flüchtlinge
Klimamigration – Definition, Ausmaß und politische Instrumente in der Diskussion
WorkingPaper 45
Bettina Müller, Marianne Haase, Axel Kreienbrink, Susanne Schmid.
2012
https://www.bamf.de/SharedDocs/Anlagen/DE/Publikationen/WorkingPapers/wp45-klimamigration.pdf?__blob=publicationFile (zuletzt aufgerufen am 13.12.2016)

Focus online
Klimawandel – Flüchten vor dem Meer
10.06.2009, 19:00 Uhr
http://www.focus.de/wissen/klima/klimaerwaermung/klimaw

andel-fluechten-vor-dem-meer_aid_407004.html (zuletzt aufgerufen am 13.12.2016)

Süddeutsche Zeitung
Flüchtlinge und der Klimawandel – Von der Natur vertrieben
von Christopher Schrader
17.05.2010, 21:05 Uhr
http://www.sueddeutsche.de/wissen/fluechtlinge-und-der-klimawandel-von-der-natur-vertrieben-1.835077#redirectedFromLandingpage (zuletzt aufgerufen am 13.12.2016)

Klimaflüchtlinge – die verleugnete Katastrophe
Eine Studie im Auftrag von Greenpeace
Von Cord Jakobeit und Chris Methmann
2007
https://www.greenpeace.de/sites/www.greenpeace.de/files/klimafluechtlinge_endv_0.PDF (zuletzt aufgerufen am 13.12.2016)

2. Ein Eisbär ohne Eis?

Verfasst von Eileen Gatzke

Nicht nur in Deutschland muss man sich Gedanken über die Folgen des Klimawandels machen, auch global zeigen sich die Auswirkungen; sogar jetzt schon. Besonders tragisch trifft es dabei den „König der Arktis“, den Eisbären.

Der Temperaturanstieg bewirkt, dass das für den Eisbären lebensnotwendige Eis zurück geht. Hier stellt sich die Frage, was mit dem Eisbären passieren wird, wenn das Eis noch stärker zurückgeht oder sogar ganz schmilzt.

2.1. Das Eis und der Eisbär

2.1.1. Das Eis schmilzt

Das Eis der Arktis, rund um den Nordpol, nimmt spürbar ab. So beträgt die Eisdecke nun nur noch 4 - 5 Mio. km² im Sommer, in den 70ern und 80ern waren es noch 7 - 8 Mio. km². Seit über 50 Jahren nimmt die Eisdecke durch die globale Erwärmung im Nordpolarmeer ab.
Drastische Zahlen belegen, dass das Grönlandeis von 1978 bis 2000 40 - 45 % seiner Eisfläche verloren hat; im Jahr 2007 nahm die Eisfläche sogar um über eine Million km² ab.

Abb. 1: Karte der Arktis (Nachweis siehe Literaturverzeichnis)

Forscher prognostizieren, dass die Arktis im Jahr 2030 schon eisfrei sein könnte, wenn der Klimawandel nicht aufgehalten wird.
Durch den Volumenschwund nimmt die Dicke der Eisfläche ab und damit auch die Stabilität.

2.1.2. ...und der Eisbär?

Der Eisbär (Ursus Maritimus) gehört zur Familie der Bären und lebt in den nördlichen Polarregionen; er ist das größte an Land lebende Raubtier. Im Durchschnitt hat ein Bär eine Masse von 420 – 500 kg.
Die 5 bis 10 cm dicke Fettschicht schützt die Polarbären vor der in ihrer Umgebung herrschenden Kälte. Sie ernähren sich hauptsächlich von Fleisch; sie stehen an der Spitze der arktischen Nahrungskette. Dabei frisst der Jäger hauptsächlich (Ringel-) Robben, die er aus über 1km Entfernung oder unter 1m dickem Eis riechen kann.
Eisbären fressen sehr unregelmäßig, was mit ihrem Lebensmuster zusammenhängt.
Im Sommer wiegen die großen Bären weniger, da das Eis zurückgeht und damit auch die Möglichkeit zu jagen. Im Winter hingegen, wenn das Eis wieder

wächst, nimmt auch die Jagd auf Robben wieder zu, wenn sie diese an ihren Atemlöchern vom Eis auspacken können. In dieser Zeit fressen sie sich einen Vorrat an, von dem sie in nahrungsarmer Zeit zehren können. Dabei beträgt ihr Jagdrevier im Durchschnitt 150 km².

Die tagaktiven Eisbären verbringen nämlich ca. 29 % ihres Tages mit Wandern und Schwimmen, 5 % mit Jagen und ganze 66 % damit, zu lauern oder zu ruhen und zu schlafen.

Eisbären sind sehr gute Schwimmer, was ihre paddelförmigen, mit Schwimmhäuten besetzten Vordertatzen ausmachen, während sie ihre Hintertatzen als Ruder benutzen.

Normalerweise beginnt im Frühling die Schmelze, was die Eisbären dazu bewegt, landeinwärts zu wandern oder sich auf das Packeis zurückzuziehen, je nach Region und Population.

Im Herbst nimmt die Kälte wieder Einzug und die Bären können wieder auf das wachsende Eis; die Jagdsaison beginnt wieder.

Durch die globale Erwärmung jedoch fällt im Herbst nun eher Regen als Schnee, was den Kälteeinzug verspätet, während die Frühjahrswärme nun früher beginnt. Dadurch ist das Meereis (Pack- und Treibeis) nicht nur weniger stabil, sondern auch mit weniger Schnee bedeckt, was einerseits das Eis nicht mehr so stark wachsen lässt, andererseits auch das Bauen der Bruthöhlen der schwangeren Eisbärinnen erschwert. Im Winter, hauptsächlich im Dezember, gebären die trächtigen Weibchen ihre Jungen. Dazu bauen sie sich Bruthöhlen im Schnee, in denen sie den kalten Winter verbringen. Da nun aber das Herbsteis zu weit vom Ufer entfernt ist, kommt es häufiger dazu, dass die schwangeren Bären es nicht mehr zum Packeis schaffen und in Küstengegenden gebären. Es ist also ein Landeinwärts-Trend zu verzeichnen, da ihnen die ursprüngliche Möglichkeit genommen wird. Dazu kommt, dass die Bärinnen nun länger auf das Meereis warten müssen, wenn sie wieder auf das Eis wollen. Dadurch sind sie noch länger ohne Nahrung und müssen zunehmend längere Strecken schwimmend zurücklegen, um an das schwindende Meereis zu gelangen.

Ganz ähnlich dazu zeigt sich die „Landflucht“ im Sommer. Ursprünglich verbrachten die Bären den

Sommer auf dem Meereis, nun werden sie häufig auf dem Land gesichtet. In der Hudson Bay (siehe Karte) verschwindet das Eis sogar gänzlich, was die ansässige Bärenpopulation zwingt, an Land zu gehen.

Im südlichen Beaufort, wo die Bären im Herbst und Winter ihr Höchstgewicht erreichen, wurden schon deutliche Gewichtsverluste, sowie der Rückgang von Geburten verzeichnet, da sie sich im Mid-Sommer nicht genug Fettreserven aneignen konnten. Daher ist leider zu erwarten, dass die Population der Beaufort-See (siehe Karte) abnimmt.
Eisbären sind zwar gute Schwimmer, jedoch zeigen Forschungen und Beobachtungen, dass ihnen das zunehmende Schwimmen an die Substanz geht. Besonders bekannt ist hierbei der Fall einer ca. sieben Jahre alten Eisbärin und ihrem Jungen aus dem Jahr 2008 an der Alaska Beaufort-See-Küste. Im August begann die Beobachtung ihrer langen Reise, bei der sie bis Oktober über 2000 km schwimmend und wandernd zurückgelegt hatte. In neun Tagen schwamm sie ohne Pause 687 km in der Beaufort-See.

Danach folgte eine Mischung aus Schwimmen und aber hauptsächlich Wandern, bei der sie ganze 1800 km zurückgelegt hatte. Dabei hat die Bärin, die bei Start ca. 226 kg gewogen hatte, 22 % ihres Gewichts verloren. Im Oktober wog sie nur noch 177 kg, deutlich zu wenig für einen ausgewachsenen Bären. Der hohe Gewichtsverlust ist auf eine zu geringe Nahrungsaufnahme zurückzuführen, sowie auf die lange Zeit des Schwimmens. Als Säuger müssen auch Eisbären ihre Temperatur relativ konstant halten, um ihre Körperfunktionen aufrecht zu erhalten, was sie viel Energie kostet. Des Weiteren sind Eisbären zwar gute Schwimmer, allerdings fehlt ihnen ein stromlinienförmiger Körper, was ebenfalls zu einem höheren Energieverbrauch führt. An Land hat sich die Bärin dann vermutlich mit Robben versorgt. Vielleicht ist Ihnen aufgefallen, dass ich ihr Junges nicht mehr erwähnt habe. Dessen Schicksal ist leider unbekannt, man muss aber davon ausgehen, dass es höchstwahrscheinlich das lange Schwimmen nicht überlebt hat.

Dies ist allerdings nicht das erste Mal, dass ein Eisbär die lange Zeit auf offener See unterschätzt hat; die langen Sommerschmelzen führen leider zu einer erhöhten Sterbewahrscheinlichkeit der Bären, da manche auch den Sommer gerne auf dem Eis verbringen und dadurch diese langen Strecken auf sich nehmen.

2.2. Verhaltensänderungen

2.2.1. Die „Problem-Eisbären“

Aber nicht nur das ist eine Folge des Klimawandels und des schwindenden Eises. Durch die immer länger werdenden Hungerperioden der Tiere sind die Bären angespannt. Außerdem ist ihr einst so abgeschiedenes Biotop nun erschlossener durch Menschen und Tourismus, aber auch durch die Suche nach Öl, Gas und seltenen Erden. Dadurch wurde das Umfeld der Eisbären sehr starken Veränderungen ausgesetzt. Für einige Bären ist all dies jedoch zu viel Belastung, vor allem, wenn sie unter Hunger leiden. Dadurch bewegen sie sich in der Hudson Bay, wo das Problem der so genannten „Problem Polar Bears“ am häufigsten auftritt, immer weiter nördlich in das Inland. Vor allem Nordost-Manitoba mit der Kleinstadt Churchill ist stark von Problembären betroffen. Forscher sagen, dass man an diesen Reaktionen der Bären sehr deutlich die Folgen der Klimaerwärmung auf das Verhalten der großen Raubtiere sieht.

Die in der Hudson Bay beheimatete Eisbärenpopulation verbringt vier bis fünf Monate auf dem Festland, wenn das Meereis komplett wegschmilzt. In dieser Zeit haben sie aber auch weniger Möglichkeit, an Nahrung zu kommen. Dadurch begeben sich die Bären immer öfter in die Nähe menschlicher Siedlungen, was natürlich zu vielen Komplikationen führt.

Zum einen, wenn die Bären Nahrung auf Mülldeponien suchen oder sogar in der Stadt selbst von Nahrung angezogen werden. Dabei kam es auch schon des Öfteren zu einer Kollision mit Menschen, deren Leben und Eigentum sie bedrohten. Allerdings kam es auch schon vor, dass die ohnehin schon gestressten Raubtiere sich von Menschen provoziert fühlen und dann angreifen. Das örtliche „Manitoba Conservation“ Amt, um die Sicherheit der Einwohner bemüht, kontrolliert nun die Bären, unter anderem mit Plastikchips in den Ohren oder Identifikationstatoos. Leider müssen sie aber auch ab und an Fallen stellen, Bären umsiedeln oder im schlimmsten Fall zur Waffe greifen. Man nimmt an, dass die ansteigenden

Temperaturen das Phänomen der „Problembären" weiter verstärken wird, da die Eisbären während den immer länger werdenden Festlandaufenthalten verzweifelt nach Nahrung suchen und sich dadurch verstärkt den Städten und Camps nähern werden.
Die Anzahl der „Problembären" ist in den letzten Jahren nachweisbar unabhängig von Geschlecht oder Alter angestiegen, und es ist kein Rückgang zu erwarten.

2.2.2. Innerartlicher Kannibalismus

Eine weitere erschreckende Folge der veränderten Umgebung zeigt sich in innerartlichem Kannibalismus. Dieser wurde zwar auch unter Schwarz- und Braunbären schon festgestellt, allerdings sorgte im Jahr 2004 eine Folge von kannibalistischen Handlungen zwischen Eisbären für Aufmerksamkeit. Da die Eisbärenforschung noch relativ jung ist, waren diese Vorfälle die ersten detailliert aufgezeichneten ihrer Art. Sehr selten nur wurden Eisbären in all den Jahren beobachtet, wie sie Artgenossen belauern, töten und sogar fressen. Forscher sind sich einig, dass dies mir den steigenden eisfreien Zeiten zusammenhängt und die Eisbären, wie oben schon

beschrieben zunehmend angespannt sind.
Demnach sind die drei eng aufeinanderfolgenden Kannibalismusfälle, zwischen dem 24. Januar und 10. April 2004, in der Beaufort-See sehr besorgniserregend gewesen.
Der erste Fall, der jemals genauer unter Eisbären verzeichnet wurde, war der Mord an einer jungen Eisbärenmutter in ihrer Höhle im Januar. Der Angreifer ist durch das Dach ihrer Schneehöhle eingebrochen und hat die sechsjährige Bärenmutter durch mehrere Bisse in das Genick getötet. Ihre zwei Jungen wurden dabei vom Schnee verschüttet. Besonders die in einer Höhle weilenden Bären sind sehr verletzlich.

Im April wurde eine tote Bärin, 15 Jahre alt, mit ihrem Jährling gefunden, die getötet und dann zum Teil von Artgenossen gefressen wurden. Dabei ist zu bedenken, dass weibliche Bären nur halb so groß werden wie männliche, der Stärkere greift also den Schwächeren an.

Der dritte Fall betraf einen noch nicht ausgewachsenen jungen Bären, von einem erwachsenen Bären getötet.

Diese drei Fälle werden alle mit der Nahrungssuche erklärt, da das Meereis immer weiter zurückgeht. Besonders signifikant war dies eben auch der Fall im Jahr 2004. Ein ähnlicher Fall hat sich in Norwegen zugetragen, welcher ebenfalls auf den Nahrungsmangel und den damit verbundenen Stress der Bären zurückzuführen ist.

2.3. ...und die Klimapolitik?

Im Gegensatz zum Südpol handelt es sich bei der Arktis um eine auf dem Meer schwimmende Eisfläche und nicht um Festland, weshalb im Gebiet des Nordpols das internationale Seerechtsübereinkommen der Vereinten Nationen gilt. Die Anrainerstaaten der Arktis, Finnland, Dänemark (Grönland), Island, Kanada, Norwegen, Russland und Schweden haben es alle ratifiziert, nur die USA (Alaska) nicht, welche es jedoch als bindendes Gewohnheitsrecht ansehen. Soweit ist die Arktis eine politisch stabile Region. Durch das internationale Seerecht wird den Küstenstaaten das alleinige Hoheitsrecht innerhalb von zwölf Seemeilen vor ihren Küsten zugesprochen. Darüber hinaus besteht die „Ausschließliche

Wirtschaftszone“ in einem Gebiet von 200 Seemeilen vor der Küste, dessen Zugriff dem entsprechenden Land vorbehalten ist und damit auch die Möglichkeit, die Ressourcen am und unter dem Meeresboden zu nutzen. Viele der vermuteten Bodenschätze liegen in diesen Wirtschaftszonen und können daher direkt einem der Anrainer zugeordnet werden. Soviel also zur politischen Situation. Nun stellt sich aber die Frage, wie viel den Staaten daran liegt, den Eis- und auch den Eisbärenbestand der Arktis aufrecht zu erhalten. Hier geht es, wie so oft, ums Geld, da die wertvollen Bodenschätze und fossilen Brennstoffe für die Länder einen großen Gewinn darstellen können.

Für solche Länder, die eine große Ölindustrie haben, darunter fallen hauptsächlich Russland, Kanada und die USA, ist das Interesse an den fossilen Brennstoffen sicherlich nicht gering.

Außerdem würde das komplette Abschmelzen des Eises bedeuten, dass man einen neuen Seeweg eröffnen könnte und dadurch Transportkosten einsparen würde, da man die Routen erheblich abkürzen könnte.

Jedoch kann man noch nicht konkret absehen, in

welche Richtung die Entwicklung geht. Nach Golo M. Bartsch, Referent für Gemeinsame Sicherheits- und Verteidigungspolitik der Europäischen Union im Bundesministerium der Verteidigung in Berlin, muss man hierbei drei Ebenen in Betracht ziehen.

Zum einen hängt die Entwicklung der Arktis sehr stark von der „Entwicklung des menschlichen Interesses an der Arktis“ selbst ab, vor allem in Betracht auf das Interesse der Länder an den Bodenschätzen und deren Vorrat. Die zweite Ebene ist eher politisch besetzt, nämlich, wie die Gesetze ein steigendes Interesse an den Bodenschätzen regeln. Die dritte und letzte Ebene befasst sich mit den beteiligten Ländern selbst.

Herr Bartsch sieht in politischer Hinsicht wenig Konfliktpotential, jedoch sieht auch er das Ökosystem der Arktis vor einer ernsthaften Bedrohung.

2.4. Blick in die Zukunft:

Für manche Menschen mag die Arktis und der sich immer mehr aufdrängende Gedanke an das komplette Verschwinden dieses einzigartigen Areals sehr weit weg sein, aber wie man aus unserer Themenzusammenstellung entnehmen kann, gibt es noch viele weitere, auch kommunale Herausforderungen. Jedoch sollte man das Verschwinden der Arktis und damit auch das des Eisbären sehr ernst nehmen.

2.4.1. Folgen für den Eisbären

Als das größte an Land lebende Raubtier steht der Eisbär an der Spitze der (arktischen) Nahrungskette und hat eigentlich keine natürlichen Feinde. Jedoch setzt ihm der Klimawandel immer mehr zu. In vielen klimatechnischen Fragen sind sich Forscher uneins, jedoch nicht hier: Dem Eisbären steht wahrlich keine blühende Zukunft bevor. Oben im Text wurden schon einige Beispiele aufgeführt, wie sich das Leben des Polarbären verändert. Hier nun eine Zusammenstellung aller wahrscheinlichen Folgen:

Durch die Klimaerwärmung sinkt das Volumen der Eisdecke stetig, darüber hinaus bricht das Eis im Vergleich mit der Vergangenheit immer früher auf und friert auch immer später erst wieder zu. Dieser Umstand verkürzt die Zeit, in der die Bären in der Lage sind, Robben zu fressen und sich einen Energievorrat für die Zeit des offenen Wassers anzufressen. Es ist festzustellen, dass das Gewicht der Eisbären immer weiter abnimmt.

Da das Meereis durch das sinkende Volumen auch immer instabiler wird, driftet es stärker. Dadurch ist es für die großen Bären immer schwieriger, ihre bevorzugten Gegenden zu erreichen, vor allem den Weibchen macht dieser Umstand zu schaffen. Da sie längere Strecken hinter sich bringen müssen, um geeignete Brutstätten zu finden, müssen sie später auch mit den Jungen wieder längere Strecken zurücklegen, was für die kleinen und oftmals schwachen Bären auch tödlich enden kann. Dazu kommt, dass der Schneefall erst später einsetzt, wodurch die Höhlen schlechtere Qualität aufweisen und die Dächer einstürzen. Ein Eisbär kann erst effizient Strecken im Laufen zurücklegen, wenn er ausgewachsen ist. Daher kostet es die jungen Bären

noch viel mehr Kraft, die immer länger werdenden Distanzen zu überbrücken.
Auch die Beute geht mit dem Eis zurück. Da die Robben nicht mehr so stark gezwungen sind, zwischen dem Meereis in Atemlöchern Luft zu holen, sondern dies nun auch im offenen Wasser tun können, geht die Fangtechnik der Eisbären nicht mehr auf und damit ihre Beute zurück. Auch dies hat wieder starke und negative Auswirkungen auf den Nachwuchs. Denn die Kleinen sind noch nicht so gut im Jagen und fressen meist Überreste der Beute von ausgewachsenen Bären. Da aber die Beute zurückgeht, gehen auch deren Reste, und damit die notwendige Nahrung der jungen Bären zurück.

Natürlich hat dies alles auch demographische Folgen: Durch das sinkende Gewicht der Mutter, werden allgemein weniger Jungen und diese kleiner geboren. Dadurch steigt aber auch die Kindersterblichkeit, da sie zu schwach sind, um die langen Distanzen zurückzulegen; sei es laufend oder schwimmend. Außerdem gebären die Weibchen später, da sie länger brauchen, um das Mindestgewicht zum Gebären zu erreichen, was die Geburtenrate zusätzlich hemmt.

Aber damit noch nicht genug: Durch steigende Verschmutzung, zum Beispiel von Ölunfällen wird das eigentlich starke Immunsystem der Bären geschwächt. Dazu kommt noch der Hunger, was die Verletzlichkeit der Eisbären steigert. Dadurch sind sie anfälliger für Krankheiten und Parasiten, denen sie ursprünglich gar nicht ausgesetzt waren. Da sie aber aus Hunger immer öfter auch die Innereien der Robben fressen, stecken sie sich mit deren Viren und Parasiten an.
Und wie oben schon angeführt, kommt es zu häufigeren Kontakten mit dem Menschen. Darüber hinaus sind auch schon einige Kreuzungen zwischen Eisbären und Grizzlys zu verzeichnen, da die Eisbären an Land gezwungen werden und die Grizzlybären aufgrund des Klimawandels immer weiter nach Norden ziehen.

Obwohl die Eisbärenjagd eingedämmt wurde und die Weltnaturschutzunion (IUCN) die Eisbären als gefährdet eingestuft hat, wurde 2010 beim Washingtoner Artenschutzabkommen ein Verbot des Handels der weißen Pelztiere abgelehnt.

2.5. Was hat das mit uns zu tun?

Die Folgen für den Eisbären sind zwar schon gravierend, aber damit nicht genug. Wir sind nicht nur gerade dabei, eine einzigartige Spezies und damit auch wieder etwas Artenvielfalt zu verlieren, auch das einmalige Ökosystem der Polarregion wird verschwinden. Nicht nur Eisbären sind betroffen, auch der Rentierbestand nimmt ab. Allgemein wird es dazu führen, dass es weniger Fische und Säuger im und am immer wärmer werdenden Wasser gibt, dafür jedoch mehr Vögel. Die verstärkte Förderung von Erdöl und Gas schränkt den Lebensraum sämtlicher in der Polarregion lebender Tiere deutlich ein. Zusätzlich gefährdet auch noch Plastikmüll in den Meeren die Tiere. Es gab schon in der Vergangenheit Ölkatastrophen und Tankerunglücke, die schreckliche Folgen für das sensible maritime Ökosystem der Arktis aufwiesen.

Selbst uns in Deutschland kann der steigende Meeresspiegel durch das Abschmelzen des „ewigen Eises“ beeinflussen. Zum einen entsteht eine Teufelskette, wenn das Permafrosteis der Arktis auftaut, da dann große Massen an CO² und Methan in die Atmosphäre gelangen, die im Permafrosteis eingelagert sind, was die Klimaerwärmung weiter vorantreibt. Zum anderen steigt der Meeresspiegel weltweit, wenn die Eisschilde der Arktis, Antarktis und die Gebirgsgletscher abschmelzen. Dies kann viele verschiedene Folgen haben, eine gravierender als die andere, zum Beispiel versinkende Küstenstädte, wie es Florida, San Francisco, Venedig oder sogar Hamburg zu spüren bekommen können; die Niederlande sind sogar als ganzes Land betroffen. Auch Deutschland hat eine Meeresküste und Europa wird auf lange Sicht sicherlich negativen Auswirkungen ausgesetzt sein. Dadurch verlieren natürlich auch viele Menschen ihre Heimat, was wiederum an das Thema Klimamigration anknüpft. Außerdem stellen diese Folgen, wirtschaftlich und kulturell gesehen, einen hohen Vermögensverlust dar. Eine weitere Folge sind Wetterextreme und Sturmfluten, die ebenfalls sehr zerstörerisch wirken. Zu „Guter“ Letzt haben wir ja nicht unbegrenzt Süßwasser zur Verfügung und durch das Abschmelzen vermischt es sich mit dem für uns ungenießbaren Salzwasser.

2.6. Fazit

Auch ein Tier, das an der Spitze der Nahrungskette steht und eigentlich nichts Natürliches zu befürchten hatte, sieht sich nun einer riesigen Gefahr ausgesetzt. Der Gefahr des Aussterbens. Wenn die Klimaerwärmung in diesem Tempo weitergeht, stehen die Chancen für das Überleben des Polarbären schlecht. Denn ohne Eis kann auch der Eisbär nicht überleben. Da die Eisbärforschung noch sehr jung ist und es noch nicht viele Ergebnisse gibt, da sie sehr teuer ist, kann man nicht sagen, wie der Eisbär weiter auf das schwindende Eis reagieren wird.

Einige Bären ziehen ja schon landeinwärts und Kreuzungen mit Grizzlybären sind zwar auch schon zu verzeichnen, jedoch bleibt zu erwarten, wie der Eisbär tatsächlich damit umgeht. Denn die Eisbären auf dem Festland weisen eine deutlich angespanntere Fassung auf und viele Bären nehmen die immer größer werdenden Strapazen auf sich, um auf dem Eis zu bleiben.

Jedoch würden wir nicht nur den Eisbären als einzigartige Spezies verlieren, wenn das ewige Eis ganz schwindet, sondern auch das arktische maritime Ökosystem; die ganzen Auswirkungen auf die anderen dort lebenden Tiere sind noch gar nicht auszudenken.

Auch unser Leben wird das schwindende Eis beeinflussen: Durch den steigenden Meeresspiegel werden einige Städte betroffen sein, die unterzugehen drohen, der Küstenschutz weltweit muss sich anpassen. Darüber hinaus werden sich die Wetterextreme häufen.

Die Folgen für den Menschen sind also auch nicht unerheblich, der Klimawandel gefährdet demnach nicht nur den Eisbären, dem wortwörtlich der Boden unter den Füßen wegschmilzt.

Es ist ein Kampf gegen die Zeit und den Klimawandel, jedoch besteht noch Hoffnung, dass der Eisbär uns erhalten bleibt, wenn die Klimaerwärmung gestoppt werden kann. Und dazu kann jeder etwas beitragen.

Quellen

Literatur:

Consequences of long-distance swimming and travel over deep-water pack ice for a female polar bear during a year of extreme sea ice retreat
Durner, George M.; Whiteman, John P.
Polar Biol (2011) 34:975-984

Herausforderung Klimaschutzpolitik, Probleme, Lösungsstrategien und Kontroversen
Hippe, Thorsten
Verlag Barbara Budrich 2016

Landward and eastward shift of Alaskan polar bear denning associated with recent sea ice changes
Fischbach, A.S.; Mastrup, S.C.
Polar Biol (2007) 30:1395-1405

Physische Geographie der Polargebiete
Blümel, W.D.
Borntraeger Stuttgart 2015

Polar Bears in a Warming Climate
Derocher, Andrew E.; Lunn, Nicholas J.; Stirling, Ian
Integr. Comp. Biol., 44:163-176 (2004)

Recent observations of intraspecific predation and cannibalism among polar bears in the southern Beaufort Sea
Amstrup, Steven C.; Stirling, Ian
Polar Biol (2006) 29: 997-1002

Selection of maternity dens by female polar bears in western Hudson Bay, Canada and the effects of human disturbance
Lunn, Nick J.; Stirling, Ian
Polar Biol (2004) 27: 350-356

Spatial and temporal patterns of problem polar bears in Churchill, Manitoba
Towns, Lindsay, Derocher, A.E.
Polar Biol (2009) 32:1529-1537

The early bear gets the goose: climate change, polar bears and lesser snow in western Hudson Bay
Rockwell, R.F.; Gormezano, L.J.
Polar Biol (2009) 32: 539-547

Zukunftsraum Arktis, Klimawandel, Kooperation oder Konfrontation?
Bartsch, Golo M.
Springer Fachmedien Wiesbaden 2015

Abbildung 1:

http://www.landkartenindex.de/dateien/arctic_2011.jpg
(letzter Zugriff am 11.12.16 um 18:24 Uhr)

AUSWIRKUNGEN AUF DAS REGIONALE ÖKOSYSTEM

Christian Tautphäus, Patricia Lukas, Paul Lechnauer

1. WALD UND FORSTWIRTSCHAFT IM ZEICHEN DES KLIMAWANDELS

Verfasst von Christian Tautphäus

1.1. Die Lebensader Wald

„Bäume sind Heiligtümer. Wer mit ihnen zu sprechen, wer ihnen zuzuhören weiß, der erfährt die Wahrheit. Sie predigen nicht Lehren und Rezepte, sie predigen, um das einzelne unbekümmert, das Urgesetz des Lebens."

– Hermann Hesse

Wälder sind Leben. Nicht umsonst wird der Wald als die grüne Lunge des Planeten bezeichnet. Durch ihn wird neuer Sauerstoff produziert, verbrauchter wird gereinigt. Schädliches CO_2 wird gebunden. Doch auch in anderen Bereichen ist der Wald nicht wegzudenken. Er dient als Lebensraum für unzählige Tierarten, Wasserkreisläufe werden durch ihn reguliert, er hilft bei der Vorbeugung und Verhinderung von Hochwasser- und Sturmschäden, er verhindert das Abrutschen ganzer Berghänge und Schneelawinen und nicht zuletzt ist er das wohl beliebteste Erholungsgebiet überhaupt. Die Liste der Vorzüge eines funktionierenden Waldes könnte man endlos fortsetzen. Man könnte behaupten, Wald ist nicht nur Leben, Wald ist ein Lebensretter.

Neben all diesen natürlichen Funktionen, hat der Wald für den Menschen noch eine ganz eigene Funktion hinzugewonnen. Als Rohstofflieferant sind Wälder schon längst nicht mehr zu ersetzen. Holz ist sowohl Baumaterial als auch klimaneutraler Energieträger zum Heizen. Damit verbunden sind auch unzählige Arbeitsplätze im staatlichen und privatwirtschaftlichen Bereich. Allein in Deutschland hängen 1,1 Millionen Arbeitsplätze direkt oder indirekt vom Wald ab.

Um gewährleisten zu können, dass der Wald diese wichtigen Funktionen auch weiterhin erfüllen kann, ist der Erhalt des Waldes maßgebend.

1.1.1. Zahlen und Fakten zum globalen Waldbestand

Um einen kurzen Überblick über den Zustand des Waldes und den Zusammenhang von Klimawandel und Wald zu bekommen, hier ein paar Eckdaten.

Weltweit ist eine Fläche von 4 Milliarden Hektar Land von Wald bedeckt. In Deutschland sind es ca. 11,1 Millionen Hektar. Beides entspricht in etwa einem Drittel der jeweiligen Landmasse, die globale Waldfläche entspricht jedoch nur noch 65% der ursprünglichen Bewaldung vor 8000 Jahren. Die Abholzung der Wälder fand zwischen 1980 bis 1998 ihren Höhepunkt, jedes Jahr wurden 16 Millionen Hektar Wald gerodet. Zurzeit wird jährlich noch eine Fläche von ca. 13 Millionen Hektar Wald abgeholzt, was der Fläche von Griechenland entspricht. Gleichzeitig wächst jedoch eine Waldfläche von ungefähr 7,4 Millionen Hektar Wald jährlich nach. Vorreiter beim Thema Wiederaufforstung sind Europa, Nordamerika und China, hier nimmt die tatsächliche Waldfläche sogar zu. Der deutsche Forst ist besonders vorbildlich, nicht nur die Tatsache, dass mehr Holz nachwächst als geerntet wird ist bemerkenswert, auch dass Deutschland mit 3,7 Milliarden Kubikmetern die größten Holzvorräte Europas hat, ist ein Zeichen für eine funktionierende, nachhaltige Forstwirtschaft.

Nicht so rosig erscheint die Betrachtung der Tropenwälder. Um Weideflächen für die Viehzucht und Platz für Plantagen zur Palmöl- und Sojagewinnung zu schaffen, werden in Brasilien, vielen südostasiatischen und einigen afrikanischen Ländern wie Nigeria und Tansania weit mehr Waldflächen zerstört als nachwachsen.

Mit dem Klimawandel in Zusammenhang gebracht, ergibt sich die ganze Tragik dieses Waldverlustes. Nicht nur, dass Wälder jährlich etwa 127 Millionen Tonnen CO_2 aufnehmen und somit die Atmosphäre um eine Menge an CO_2 entlasten, die 14% der deutschen Treibhausemissionen entspricht, sondern es sind auch 1.146 Milliarden Tonnen Kohlenstoff weltweit in Waldpflanzen und der obersten Erdschicht des Waldbodens gebunden. Der Wald enthält damit mehr Kohlenstoff als die Atmosphäre. Werden diese Wälder nun abgeholzt, brandgerodet und die ehemaligen Waldböden bearbeitet, wird der gebundene Kohlenstoff freigesetzt und gelangt als CO_2 in die

Atmosphäre. Hierbei werden aus 3 Tonnen Kohlenstoff 11 Tonnen CO_2. Insgesamt entspricht der so entstandene CO_2 Ausstoß 15% des weltweit vom Menschen verursachten Treibhausausstoßes und damit mehr als dem gesamten Verkehrssektor.

1.2. Auswirkungen des Klimawandels auf den Wald in Baden-Württemberg

1.2.1. Auswirkungen bis zum jetzigen Zeitpunkt

Über die Tatsache, dass der Klimawandel schon in vollem Gange ist, besteht in wissenschaftlichen Kreisen kein Zweifel. Verschiedenen Klimamodellen zufolge haben wir in den letzten 50 Jahren eine Klimaerwärmung von ungefähr 0,6° C erlebt, in Baden-Württemberg hat sich die Durchschnittstemperatur sogar schon von 8° C um 1° auf 9° C erhöht. Dies mag sich nach wenig anhören, doch bei genauer Betrachtung erkennt man eine ungewöhnliche Häufung von klimatischen Anomalien und Extremereignissen. Heiße, trockene Sommer wurden häufiger, während die Winter zwar niederschlagsreicher, aber dafür ebenfalls wärmer wurden. Die Zahl der Sommertage stieg in den letzten

50 Jahren von 25 Tagen pro Jahr auf 45, während die Anzahl der Eistage von 25 auf 15 zurückging. Gleichzeitig hat die Anzahl starker Unwetter, Stürme und einzelner heftiger Regenfälle zugenommen.

Diese parallel zu der eigentlichen klimatischen Veränderung, dem Temperaturanstieg, auftretenden Phänomene sind schon jetzt deutlich im Forst zu spüren. Zum einen sind durch die häufig wiederkehrenden Unwetter viele Sturmschäden zu verzeichnen, zum anderen nehmen auch durch Hochwasser und Überschwemmungen verursachte Schäden zu.

Das eigentliche Problem liegt jedoch an dem Ansteigen der Temperatur und der häufigen Trockenheit. Die Fichte, die mit rund 37% der am häufigsten vorkommende Baum in Baden-Württembergischen Wäldern ist und dementsprechend auch einen hohen Stellenwert in der Forstwirtschaft hat, ist anfällig für klimatische Veränderungen wie wir sie erleben. Auch die mit 21% am zweithäufigsten vorkommende Buche hat dieses Problem, jedoch erweist sie sich als etwas widerstandsfähiger als die

Fichte. Bereits 2003 konnten erhebliche Schäden an beiden Baumarten festgestellt werden. Die Ursache dafür fand sich im heißen und trockenen Klima der letzten Jahre. Der Fichte geht es momentan nach wie vor schlecht, während sich die Buchenbestände in den letzten Jahren wieder erholt haben.

Ein weiteres, durch Erhöhung der Durchschnitts-temperatur hervorgerufenes Problem, ist der vermehrte Befall von Bäumen durch Schädlinge. So hat die Borkenkäferpopulation in den letzten Jahren stark zugenommen. Da sich Borkenkäfer ab einer Temperatur von 8° Celsius entwickeln, ist die jährliche Zeitspanne in der dessen Entwicklung möglich ist, durch kürzere und wärmere Winter deutlich verlängert worden. Auch in höheren Lagen, wie zum Beispiel dem Schwarzwald herrschen länger warme Temperaturen. Zusätzlich verkürzt sich die Entwicklungszeit des Borkenkäfers, je wärmer es ist. Dies alles hat zur Folge, dass die Population stark zunimmt und immer mehr Fichtenwälder befallen werden.

1.2.2. Prognose

Um die Auswirkungen des Klimawandels absehen und darstellen zu können wurden verschiedene globale und regionale Klimamodelle entwickelt. Zu den anerkanntesten globalen Modellen gehört das Modell des Intergovernmental Panel on Climate Change (IPCC), welches durch die UN und die Welt-Meteorologie-Organisation ins Leben gerufen wurde. Da globale Klimamodelle jedoch oft ein grobes Raster haben, fallen regionale Veränderungen oft nicht auf. Regionale Modelle wie zum Beispiel das auf IPCC-Daten basierende WETTREG oder das vom Institut für Meteorologie und Klimaforschung des Karlsruher Instituts für Technologie verwendete Modell COSMO-CLM sind höher auflösend, dementsprechend können genauere Aussagen für kleinere Gebiete getroffen werden.

Dennoch ist anzumerken, dass diese Klimamodelle nur Modelle sind. Sie können zwar atmosphärische Zusammenhänge und die damit einhergehenden klimatischen Veränderungen relativ genau darstellen, doch Aussagen zu dem künftigen

Bevölkerungswachstum, ökonomischer und sozialer Entwicklung, technologischen Veränderungen und auch Prognosen zur Umweltpolitik, welche allesamt wichtige Faktoren in der Veränderung des Klimas sind, lassen sich nur schwer darstellen und berücksichtigen.

Es wird davon ausgegangen, dass sich in Baden-Württemberg die Durchschnittstemperatur bis 2050 um ca. 1,7°C erhöhen wird. Für unseren heimischen Wald hat dies schon gravierende Folgen. Die Fichte, die gerade im Schwarzwald zu den häufigsten Baumarten zählt, wird bis dahin mit Ausnahme einiger Regionen fast komplett aus Baden-Württemberg verschwunden sein. Mit sich wiederholenden, langanhaltenden Trockenphasen kommt diese Baumart nicht zurecht. Auch auf die Buche kommen ähnliche Veränderungen zu, sie wird zwar nicht ganz so stark betroffen sein, doch gerade aus den Tieflagen des Landes wird sie verschwinden.

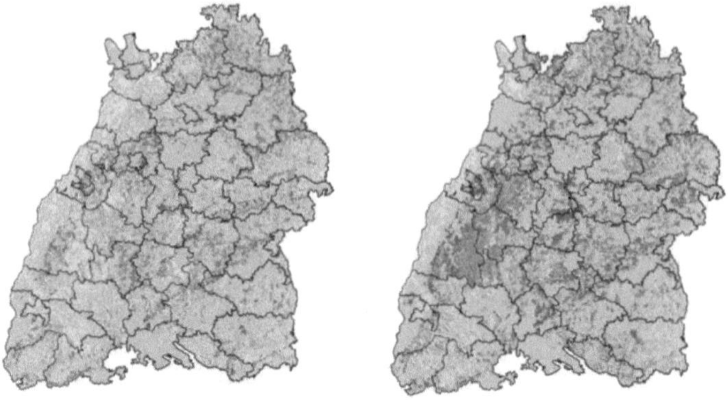

Die linke Abbildung zeigt die Ausbreitung der Fichte im Jahr 2010. Rechts wird die prognostizierte Ausbreitung im Jahr 2050 dargestellt.

Des Weiteren werden die Anzahl und das Ausmaß der Sturmschäden und auch Überschwemmungsschäden zunehmen und nicht nur den Wald, sondern auch die Forstwirtschaft vor größere Probleme stellen.

Dass zurzeit kaum weitere genaue Aussagen darüber vorliegen, wie der Wald in ein paar Jahren oder Jahrzehnten aussehen wird, hat vor allem zwei Ursachen. Zum einen liegen nicht genügend verlässliche Daten vor, und zum anderen handelt es sich beim Klimawandel um ein, in forstwirtschaftlichen

Zeiträumen gedachtes, relativ neues Problem, mit dem umzugehen gelernt werden muss. Wobei auch dies nicht leicht ist, da sich die klimatischen Umstände schnell verändern. Einig ist man sich nur über die Tatsache, dass der Wald sein Gesicht in den nächsten Jahren verändern wird.

Sollte dem Klimawandel nicht schnell gegengesteuert werden, rechnen die globalen Klimamodelle gegen Ende des Jahrhunderts mit einer Erwärmung von 6°C. Die Konsequenzen dieses Szenarios sind sowohl global, als auch regional kaum absehbar.

1.3. Maßnahmen der Forstwirtschaft gegen Klimaschäden des Waldes

1.3.1 Nachhaltigkeit in Deutschland

Den Grundstein für die nachhaltige Forstwirtschaft legte Hans Carl von Carlowitz im Jahre 1713 in seinem Werk „Sylvicultura oeconomica". Seine Idee war, dass immer nur so viel Holz abgebaut werden durfte, wie durch geplante Aufforstungsmaßnahmen wieder nachwachsen konnte. Er reagierte mit dieser Regelung auf die Ausbeutung der Wälder und der damit einhergehenden Holzknappheit am Ende des 17. Jahrhunderts.

Heutzutage ist diese Idee längst im Bundeswaldgesetz und in den Landeswaldgesetzen niedergeschrieben und gilt zudem als der zentrale Grundsatz der Forstwirtschaft in Deutschland. Der Erfolg dieser Regulierungen lässt sich dadurch erkennen, dass mittlerweile mehr Wald nachwächst als geerntet wird.

1.3.2 Zertifikate

Mit der Zertifizierung von Wäldern und Waldbewirtschaftungsunternehmen wird garantiert, dass Wälder nachhaltig und ökologisch sinnvoll bewirtschaftet werden. Zwei der bekanntesten Zertifikate sind das Forest Stewardship Council-Zertifikat (FSC) und das Programme for the Endorsement of Forest Certification Schemes-Zertifikat (PEFC). Ursprünglich hatten beide das Ziel, die Abholzung des Regenwaldes zu stoppen. Mittlerweile werden Wälder weltweit mit diesen Zertifikaten versehen. In Baden-Württemberg sind der Staatwald und große Teile der Kommunal- und Privatwälder mit beiden Zertifikaten versehen. Auch Forstunternehmen müssen sich zertifizieren lassen, wenn sie im Wald arbeiten wollen. Hiermit wird die Einhaltung bestimmter Grundsätze zum Schutz und Erhalt des Waldes erreicht.

Auch Endprodukte aus Holz, wie z.B. Möbel oder Papier, können FSC und PEFC zertifiziert werden. Verbraucher können so nachverfolgen, ob sie Produkte aus nachhaltiger Forstwirtschaft kaufen.

Mittlerweile gibt es neben den oben genannten noch viele weitere Zertifikate, die für ähnliche Ziele stehen. Jedoch ist hier auch Vorsicht geboten, da viele der Zertifizierungen Mogelpackungen sind und nur dem Kundenfang dienen.

1.3.3 Durchmischung

In den vergangenen Jahrzehnten wurde in der Forstwirtschaft viel mit Monokulturen gearbeitet. Auch heute noch sind große Bestände, in denen fast ausschließlich eine einzige Baumart zu finden ist, oft anzutreffen. Besonders häufig sind Fichtenbestände, da die Fichte unter anderem durch schnelles Wachstum sehr ertragreich ist.

Da aber, wie oben beschrieben, bekannt ist, dass einige Baumarten in den nächsten Jahren teilweise verschwinden werden, wurden von der Forstwirtschaft schon in den vergangenen Jahren Vorbereitungen getroffen. Die Wälder in Baden-Württemberg werden zunehmend mit verschiedenen Baumarten durchmischt. Das Ziel hierbei ist, diejenigen Baumarten zu finden und zu fördern, welche sich im Umgang mit klimatischen Veränderungen als besonders Robust erweisen, ohne dabei die Wirtschaftlichkeit und ökologische Gesichtspunkte zu vernachlässigen.

Solche Bäume zu finden gestaltet sich allerdings als nicht unproblematisch. Aufgrund der Klimaprognosen werden Bäume gesucht, die mit Trockenheit und Hitzewellen besser umgehen können als z.B. die Fichte. Werden nun beispielsweise Baumarten aus dem mediterranen Raum angepflanzt, erfüllen diese die Kriterien Trockenheit und Hitze. Doch bei länger anhaltenden Minustemperaturen, wie sie bei uns zwar seltener werden, aber dennoch vorkommen, erleiden solche Baumarten Schäden.

Als relativ vielversprechend hat sich in Baden-Württemberg die Douglasie herausgestellt. Die ursprünglich aus Nordamerika stammende Baumart wird seit einiger Zeit auch hier angebaut. Derzeit sind aber in Baden-Württemberg nur ca. 4% aller Bäume Douglasien. Vorteile bringt sie einige mit. Unter guten Bedingungen ist ihr Wachstum dem der Fichte deutlich überlegen, zudem ist sie weniger anfällig gegen Schädlinge und Sturmschäden. Ein weiterer Vorteil gegenüber heimischen Baumarten ist das hochwertige

Holz dieses Baumes, weshalb es gerade als Baumaterial beliebt ist.

Doch auch die Douglasie hat Nachteile. Um ihr volles Potenzial zu entfalten sind gut durchlüftete, nährstoffreiche Böden ideal. Diese finden sich nicht überall in Baden-Württemberg. Auch der Einfluss von Trockenperioden wird unterschiedlich dargestellt. In einigen Gebieten konnte in Zeiten von Trockenheit ein Einbruch im Wachstum festgestellt werden, an anderen Stellen konnte nichts dergleichen festgestellt werden. Ein weiteres mögliches Problem der Douglasie ist, dass sie auf einigen Standorten dazu neigt, andere Baumarten zu verdrängen. Dies könnte wiederum zur Bildung von Monokulturen führen, welche schadempfindlicher sind.

Die Chance, dass die Douglasie die Lücken im Wald schließt, die vor allem die Fichte hinterlässt, stehen also gut. Dennoch ist es wichtig, die Durchmischung der Wälder fortzuführen, um für Artenvielfalt zu sorgen und eventuell weitere geeignete Bäume zu finden.

1.4. Fazit

Der Blick in die Zukunft beunruhigt. Der globale Klimawandel bringt für weite Teile der Welt erschreckende Szenarien und Hürden mit sich, die es zu überwinden gilt. Selbst in den heimischen Wäldern wird sich die Erwärmung des Klimas drastisch niederschlagen. Deutschland und gerade Baden-Württemberg steht sehr gut da, was die Vorbereitung des Waldes auf den Klimawandel betrifft. Die Gefahr, dass aus Baden-Württemberg eine baumlose Einöde wird besteht also nicht, doch die Veränderungen werden trotzdem deutlich spürbar sein.

Bildlich betrachtet befindet sich die Welt momentan an einer Weggabelung. Ein Weg führt direkt in den Abgrund Klimawandel hinein, mit all seinen Auswirkungen. Der andere Weg umgeht den Abgrund Klimawandel haarscharf an dessen Hangkante. Welchen Weg die Welt geht hängt von den politischen und gesellschaftlichen Entscheidungen der nächsten Jahre im Umgang mit erneuerbaren Energien, Rodung und der Nachhaltigkeit ab.

Meiner Meinung nach ist, aufgrund jüngster politischer Ereignisse, aus einigen großen Industrienationen, wie den USA, in nächster Zeit keine sinnvolle Klimapolitik zu erwarten. Da auch in Entwicklungs- und Schwellenländern der Energiebedarf durch zunehmende und verdiente Verbesserung der Lebensverhältnisse stark zunimmt, steigt auch dort der Ausstoß von CO_2. Auch hier bleibt abzuwarten, ob sich in den nächsten Jahren klimafreundliche Lösungen präsentieren, momentan fehlt es jedoch an den nötigen finanziellen Mitteln, die Verbrennung von fossilen Brennstoffen durch die Nutzung erneuerbarer Energien zu ersetzen.

Letztendlich wird es also an der Bevölkerung der Industrienationen, also uns selbst, liegen, klimabewusster zu werden und dementsprechend zu handeln. Dazu gehört auch der richtige Umgang mit dem Wald. Wie schon in der Einleitung geschrieben, ist der Wald die Lunge des Planeten. Und ist die Lunge krank, ist der ganze Körper geschwächt.

Quellen

Bundesministerium für Ernährung und Landwirtschaft:

http://www.bmel.de/DE/Wald-Fischerei/Forst-Holzwirtschaft/_texte/Pappeltagung-SchnellwachsendeBaeume-Klima.html (13.12.2016)

http://www.bmel.de/DE/Wald-Fischerei/Forst-Holzwirtschaft/_texte/DeutscherWaldtag.html (13.12.2016)

Umweltbundesamt:

http://www.umweltbundesamt.de/themen/klima-energie/klimawandel/zu-erwartende-klimaaenderungen-bis-2100 (13.12.2016)

ForstBW:

http://www.forstbw.de/schuetzen-bewahren/klimawandel/klimastarke-waelder-fuer-die-zukunft/ (12.12.2016)

Forstliche Versuchs- und Forschungsanstalt Baden-Württemberg (FVA):

http://www.fva-bw.de/indexjs.html?http://www.fva-bw.de/forschung/bui/klimakarten.html (12.12.2016)

Landesanstalt für Umwelt, Messung und Naturschutz Baden-Württemberg:
http://www4.lubw.baden-wuerttemberg.de/servlet/is/67972/klimawandel_in_baden_wuerttemberg.pdf?command=downloadContent&filename=klimawandel_in_baden_wuerttemberg.pdf (12.12.2016)

Intergovernmental Panel on Climate Change (IPCC):

https://www.ipcc.ch/news_and_events/docs/factsheets/FS_what_ipcc.pdf (13.12.2016)

Bayrische Landesanstalt für Land- und Forstwirtschaft:

http://www.lwf.bayern.de/mam/cms04/service/dateien/a60_waelder_im_klimawandel_gesamtheft.pdf (12.12.2016)

World Wildlife Fund (WWF):

https://mobil.wwf.de/fileadmin/fm-wwf/Publikationen-PDF/WWF_Waldzustandsbericht.pdf (12.12.2016)

Forest Stewardship Council-Zertifikat (FSC):

http://www.fsc-deutschland.de/de-de (12.12.2016)

Programme for the Endorsement of Forest Certification Schemes-Zertifikat (PEFC):

https://pefc.de/media/filer_public/b3/c9/b3c99d18-e424-464e-83ae-1e5464762bda/pefc_in_kuerze.pdf (12.12.2016)

Global Forest Watch:

http://www.globalforestwatch.org/ (13.12.2016)

Abbildungen:

Forstliche Versuchs- und Forschungsanstalt Baden-Württemberg:

http://www.fva-bw.de/indexjs.html?http://www.fva-bw.de/forschung/bui/klimakarten.html (12.12.2016)

2. DIE KLIMABEDINGTE ZU- UND ABWANDERUNG VON TIEREN UND PFLANZEN

Verfasst von Patricia Lukas

Dass der Klimawandel einen Einfluss auf das Ökosystem hat ist allseits bekannt. Doch wie wirkt er sich speziell im Hinblick auf die Tier- und Pflanzenwelt aus? Merken wir überhaupt etwas davon und was für Folgen kann das Ganze für den Menschen haben?

Der Klimawandel ist Wirklichkeit, passiert hier und jetzt und hat fatale Auswirkungen auf die Tier- und Pflanzenwelt. Klimaerwärmung hat es zwar schon immer gegeben, doch die Temperaturen steigen immer schneller, immer höher. Arten versuchen sich anzupassen, verschieben ihren Lebensraum oder sterben aus. Doch oftmals merken wir es gar nicht – einige Pflanzen und Tiere waren plötzlich da, andere verschwanden still und heimlich aus unserem Lebensraum. Veränderungen beim Verhalten der Tiere und Pflanzen, sowie Änderungen ihrer Verbreitungsareale konnten nachweislich schon festgestellt werden.

Die Temperatur in Deutschland hat in den letzten 30 Jahren um 0,7°C zugenommen. Der Anstieg der Temperaturen bringt Vor- und Nachteile mit sich.

2.1. Gewinner des Klimawandels

Veränderte Temperatur- und Niederschlags-verhältnisse beeinflussen die Stoffwechselprozesse, Reproduktion und Verhaltensweise von Arten. Abhängig von der physiologischen Toleranzgrenze einzelner Arten und des Ausmaßes des Klimawandels wird sich der Einfluss klimatischer Veränderungen positiv oder negativ auf Arten auswirken. Gewinner des Klimawandels sind hier eindeutig die wärmeliebenden Arten, etwa, wenn sich dadurch ihr Lebensraum erweitert. So kann sich bei vielen Vögeln der Wärmeanstieg positiv auf den Bruterfolg auswirken, Zugvögel müssen weniger weit wandern und neue Arten werden heimisch, denn bis zu einer Erwärmung von 1°C nimmt die Artenvielfalt sogar zu.

Doch den Vorteilen steht auch eine Schattenseite entgegen - Schadinsekten vermehren sich immer schneller, Kälte liebende Arten sind bedroht und bei einem weiteren Anstieg der Temperaturen würde die

Artenvielfalt wieder sinken. Zudem bringt die Ausbreitung mancher Pflanzen und Tiere so manche Probleme mit sich.

Ein gutes Beispiel dafür ist die Beifuß-blättrige Ambrosie (Ambrosia artemisiifolia), welche vielen Allergikern das Leben schwermacht. Ihren ersten bekannten Auftritt in Deutschland hatte die Allergiepflanze im Jahr 1860. Eingeschleppt aus Nordamerika nahm man an, die wärmeliebende Pflanze habe im doch eher kühlen deutschen Klima nur geringe Überlebenschancen. Doch durch die zunehmend milden Temperaturen und einer guten Portion Anpassungsfähigkeit, breitete die stark Allergien auslösende Pflanze sich immer weiter in Deutschland aus.

Doch nicht nur die Ambrosie ist auf dem Vormarsch, denn durch die milden Temperaturen wird die Pollenflugsaison der hier heimischen Pflanzen verlängert. Die Hasel beginnt beispielsweise schon im Dezember zu blühen und verstärkt somit das Leiden vieler Allergiker.

Auch die Asiatische Tigermücke bringt als Überträger von Infektionskrankheiten einige Unannehmlichkeiten für den Menschen mit sich. Dengue-, Westnil-, Chikungunya-Fieber und das Zika-Virus ist nur eine Auswahl, der von den Tigermücken übertragenen Krankheiten. Was so tropisch klingt wird auch bald ein Thema in Deutschland sein, denn die Tigermücke hat sich bereits bei uns angesiedelt.

Doch die Asiatische Tigermücke ist nicht der einzige unliebsame Einwanderer. Auch der Japanische Buschmoskito, die Auwaldzecke, die Winden-Glasflügelzikade und die Sandmücke fühlen sich mittlerweile in unseren Breiten sehr wohl. Die Liste der eingewanderten Krankheitsüberträger wird immer länger, doch auch die heimischen Parasiten und Nagetiere, die Wirte vieler Erreger sind, verbreiten sich dank der steigenden Temperaturen und milden Winter immer schneller und weiter in Deutschland.

Das warme Klima begünstigte auch die Ausbreitung des Eichen-Prozessionsspinners. Der Nachtfalter überträgt zwar keine Krankheiten, doch die Hülle seiner Larve ist über und über mit sogenannten Brennhaaren besetzt. Diese machen den Eichen-

Prozessionsspinner so gefährlich für den Menschen, denn das in den Brennhaaren enthaltene Nesselgift ist besonders im dritten Larvenstadium eine große Gefahr. Dabei ist noch nicht einmal ein direkter Kontakt mit den Larven notwendig um Hautirritationen, Augenreizungen und Atembeschwerden hervorzurufen. Durch Luftströme werden die langlebigen Härchen einfach durch die Luft getragen und setzen sich dabei dank kleiner Häkchen in Kleidung und Schuhen fest und lösen so bei Hautkontakt toxische Reaktionen aus. Neben dem Menschen ist auch die Pflanzenwelt von der starken Vermehrung und Ausbreitung betroffen. Nicht umsonst werden die Larven des Eichen-Prozessionsspinners als Schädlinge bezeichnet. In Scharen fressen die Eichen-Prozessionsspinner vorzugsweise die Blätter des Eichenbaumes und verursachen dadurch Totalschäden.

Ähnlich verhält es sich bei der Kirschessigfliege. Der invasive Schädling aus Asien wurde mit Obstimporten über Nordamerika eingeschleppt und profitiert nachweislich von milden Wintern. Deutsche

Obstanbauer verzeichneten in den vergangenen Jahren große Verluste.

Die Winden-Glasflügelzikade hat seit den 80er Jahren ihren Siegeszug durch die deutsche Weinbaugebiete angetreten. Mittlerweile findet man das Überträgerinsekt der Schwarzholzkrankheit an Reben in fast allen Weinbaugebieten. Die wärmeliebende Zikade profitiert vom Anstieg der durchschnittlichen Jahresmitteltemperatur um zwei Grad in den Weibauregionen.

2.2. Artenrückgang

Leider können nicht alle Arten von der Erwärmung unseres Klimas profitieren. Kaltstenotherme Tiere und Pflanzen, die auf kühle Habitate angewiesen sind, müssen ihren Lebensraum immer weiter verkleinern. In Folge der zunehmenden Gewässererwärmung wird zum Beispiel in Fließgewässern eine „Potamalisierung" begünstigt, indem Arten dieses Flussabschnitts sich in höhere Gewässerbereiche ausbreiten und so montan beziehungsweise kalt-stenotherme Arten zurückgedrängt werden. Durch die Erwärmung wird außerdem die Löslichkeit von Nährstoffen erleichtert, gleichzeitig nimmt die Löslichkeit von Sauerstoff im Wasser ab. Dadurch ist ein Rückgang von Arten, die an nährstoffarme und sauerstoffreiche Bedingungen gebunden sind gefördert.

Durch die Umverteilung des Niederschlags werden extreme Wasserstände häufiger, was zu einem hohen Aussterberisiko für Arten, welche an konstante Wasserstände gebunden sind, führt. Zugleich gehen auch die Lebensräumer jener verloren, die zeitweise wasserführende Gewässer benötigen.

Laut einer Schätzung des Bundesamtes für Naturschutz ist davon auszugehen, dass in den nächsten Jahrzenten ca. 30% der Arten deutschlandweit vom Aussterben bedroht sind. Betroffen sind unter anderem Arten mit eingeschränkter Wanderungsfähigkeit und jene, denen Hindernisse wie Gebirge und Gewässer ohne Ausweichmöglichkeit im Weg stehen.

Eine weitere Studie besagt, dass bereits 63 von 500 in Deutschland seltenen, streng zu schützenden Tierarten als sogenannte „Hochrisiko-Arten" eingestuft werden. Beispiele sind hierfür zum Beispiel der Goldregenpfeifer, der Alpensalamander und der Blauschillernde Feuerfalter. Durch die Einwanderung der sogenannten invasiven Arten, erhöht sich zusätzlich zu den sich ohnehin schon schwierigen Bedienungen der Konkurrenzdruck, was die Existenzbedingungen heimischer Arten nochmals verschlechtert.

2.3. Lebensraumverschiebung

Die Temperaturen erhöhen sich schneller als sich die Tiere und Pflanzen anpassen können. Über diesen Sachverhalt hat das Helmholtz-Zentrum für Umweltforschung im Januar 2012 eine Studie durchgeführt.
So liegen die Vögel beispielsweise mittlerweile an die 212 Kilometer der Verschiebung ihrer Lebensräume Richtung Norden zurück. Gerade Zugvögel reagieren sehr sensibel auf den Temperaturanstieg. So verschiebt sich ihre Ankunft im Frühjahr um durchschnittlich 3-5 Tage nach vorne, viele Vögel fliegen erst gar nicht mehr soweit in den Süden und zahlreiche Kurzstreckenflieger werden zu Standvögeln und bleiben zum Überwintern hier.

Die Anpassungsfähigkeit vieler Organismen wird dabei überschritten. Kritisch ist nicht nur, dass die Arten ihren Lebensräumen nicht schnell genug hinterherziehen können, sondern das sogenannte Lebensgemeinschaften auseinandergerissen werden. So frisst zum Beispiel eine Vogelart eine bestimmte Raupenart. Diese ernährt sich wiederum von einer speziellen Pflanze. Verschwindet eine Art aus dieser Kette ist mit Problemen zu rechnen. Grundsätzlich heißt es: Je spezieller die Art, desto schwieriger wird die Lebensraumverschiebung für sie.

Verluste geeigneter klimatischer Areale werden vor allem für montan verbreitete und gefährdete sowie feuchtigkeitsliebende Arten vorausgesagt, Arealerweiterungen hingegen für viele südlich verbreitete und thermophile Arten.

2.4. Trockenperioden und Starkregen

Die rezente Änderung des Klimas beeinflusst Arten und Lebensgemeinschaften auf vielfältige Art und Weise. Neben Temperatur- und Niederschlagsänderungen hat insbesondere die Zunahme klimatischer Extremereignisse wie Starkregen und langanhaltende Trockenperioden erhebliche Konsequenzen für die Biodiversität. Gerade die Trockenperioden werden immer häufiger zum Problem. Betroffen sind besonders Regionen welche schon heute mit einer geringeren Wasserverfügbarkeit zu kämpfen haben. Pflanzen und Tieren wird es immer öfters an verfügbarem Wasser fehlen, die

Grundwasserneubildung wird beeinträchtigt, Moore trocknen aus und die nach den Trockenperioden anstehenden Starkregenfälle führen zu einem verstärkten Oberflächenabfluss und einer zunehmenden Wassererosionsgefahr für die Böden, was auch das Hochwasserrisiko vergrößert. In Folge der Austrocknung des Oberbodens wird zudem die Mineralisierung und Eutrophierung des Standorts begünstigt, so dass konkurrenzkräftige nährstoffliebende Arten gefördert und Arten nährstoffarmer Standorte zurückgedrängt werden. Im Allgemeinen wird die Nachfrage nach Wasser immer weiter steigen, sei es für die landwirtschaftliche Bewässerung oder den privaten Gebrauch - eine Veränderung der Wasserverfügbarkeit hat in jedem Fall Auswirkungen auf die biologische Vielfalt.

Starkniederschläge wirken sich hingegen kurzfristig und direkt auf die Arten und die Habitatqualität aus. So besteht durch ein verstärktes Starkregenrisiko Gefahr für Feuchtwiesenbrüter, indem Überflutungen und erhöhte Grundwasserstände die Jungensterblichkeit erhöhen.

2.5. Fazit

Der Klimawandel beeinflusst die Tier- und Pflanzenwelt enorm. Zusammenfassend ist von einer Massenvermehrung von Schadinsekten, dem Rückgang von Arten, einer Verschiebung der Phänologie, einer Zunahme und Ausbreitung wärmeliebender Arten, der Einwanderung neuer Arten und Habitatverschiebungen die Rede; doch welche genauen Folgen der Klimawandel für die betroffenen Ökosysteme, aber auch für die Gesundheit von Menschen und Tieren mit sich bringt, wird sich wohl erst mit der Zeit herausstellen.

Quellen:

Umwelt Bundesamt,
Durch Umweltschutz die biologische Vielfalt erhalten, Ein Themenheft des Umweltbundesamtes,
Stand November 2015

Umwelt Bundesamt,

Daten zur Umwelt,

Umwelt und Landwirtschaft,

Ausgabe 2011

Bundesamt für Naturschutz, Merle Streitberger, Werner Ackermann, Thomas Fartmann,

Artenschutz unter Klimawandel: Perspektiven für ein zukunftsfähiges Handlungskonzept,

Naturschutz und Biologische Vielfalt Bd.147,
2016

Klimawandel in Baden-Württemberg: Fakten, Folgen, Perspektiven Baden-Württemberg, Ministerium für Umwelt, Naturschutz und Verkehr

2012, 2. Aktualisierte Auflage

Mittelbadische Presse, Ortenau Regional,
Situation gewinnt an Brisanz
21. Oktober 2016

Mittelbadische Presse, Ortenau Regional,

Kabs kapituliert vor Schnaken

22. Oktober 2016

http://www.br.de/klimawandel/tiere-pflanzen-klimawandel-102.html

Aufgerufen am 02.11.2016

http://www.naturschutz.landbw.de/servlet/is/67651/Abschlussbericht-Klimawandel-und-biologische-Vielfalt.pdf

Aufgerufen am 02.11.2016

http://www4.lubw.baden-wuerttemberg.de/servlet/is/36089/klimawandel_und_insekten.pdf?command=downloadContent&filename=klimawandel_und_insekten.pdf

Aufgerufen am 02.11.2016

https://www.julius-kuehn.de/klimawandel/gebietsfremde-arten-profitieren/

Aufgerufen am 03.11.2016

https://www.bmel.de/DE/Wald-Fischerei/Forst-Holzwirtschaft/_texte/Eichenprozessionsspinner.html

Aufgerufen am 03.11.2016

http://www.focus.de/wissen/natur/tiere-und-pflanzen/dengue-fsme-usutu-virus-so-risikoreich-sind-klimawandel-und-globalisierung-fuer-die-gesundheit_id_4547260.html

Aufgerufen am 03.11.2016

http://www.focus.de/gesundheit/ratgeber/reisemedizin/insektenplage-fuer-2016-erwartet-asiatische-tigermuecke-uebertraegt-chikungunya-virus-so-gefaehrlich-ist-die-erkrankung_id_5600911.html#

Aufgerufen am 03.11.2016

https://www.aponet.de/aktuelles/ihr-apotheker-informiert/20150527-klimawandel-viermal-mehr-ambrosia-pollen-bis-2050.html

Aufgerufen am 30.11.2016

https://www.umweltbundesamt.de/daten/klimawandel/veraenderung-der-jahreszeitlichen

Aufgerufen am 04.11.2016

https://www.umweltbundesamt.de/sites/default/files/medien/publikation/long/3925.pdf
Aufgerufen am 05.11.2016

3. NACHHALTIGE LANDWIRTSCHAFT IM ZEICHEN DES KLIMAWANDELS

Verfasst von Paul Lechnauer

Unter den vielfältigen Konsequenzen des Klimawandels sollten auch diejenigen für die Landwirtschaft bedacht werden. Zum einen trägt die konventionelle Landwirtschaft durch Tierhaltung und nicht angepasste Düngung, durch die Treibhausgase ausgestoßen werden, zum Klimawandel bei, zum anderen ist sie auch direkt von den Folgen betroffen.

Einige Regionen können durch die Folgen des Klimawandels in der Landwirtschaft profitieren. Ein gemäßigter Anstieg der Temperaturen und Niederschlagsmengen könnten zu einer höheren Produktivität führen, da Vorgezogene Aussaat- und längere Wachstumszeiten die Folgen sind.

Theoretisch hat auch eine höhere Kohlendioxid-Konzentration positive Auswirkungen auf das Pflanzenwachstum, da Pflanzen dies zum Wachstum benötigen und ein gewisser Düngeeffekt auftritt.

Trotz dieser möglichen positiven Punkte darf man keinesfalls die negative Seite des Klimawandels und die damit verbundenen Risiken für die Landwirtschaft außer Acht lassen.

Generell werden extremere Wetterperioden in Bezug auf Temperatur und Niederschlag auftreten, welche zu ertragsmindernden Ereignissen wie Starkniederschlägen, Hochwassern und Stürmen führen.

Doch was kann man tun um sich vor den negativen Konsequenzen des Klimawandels zu schützen ohne gleichzeitig das Fortschreiten desselben durch Ausstoß Klimaschädlicher Gase zu unterstützen?

Zunächst darf man eine wichtige Komponente im Bereich Landwirtschaft und Klima, den Boden, nicht außer Acht lassen. Als Boden werden hier die obersten Erdschichten bezeichnet.

Es dauerte Jahrtausende bis sich aus dem Grundgestein ein fruchtbarer Boden mit einer Mächtigkeit von etwa 2-3 Metern bildete.

Der Boden erfüllt viele wichtige Aufgaben und wird doch oft außer Acht gelassen oder als selbstverständlich hingenommen. In Bezug auf den Klimawandel ist wohl eine der wichtigsten Eigenschaften des Bodens, dass er als Kohlenstoffsenke dient, er ist nach den Ozeanen der größte Kohlenstoffspeicher. Dabei besteht zwischen den beiden Komponenten eine komplexe Wechselwirkung aus der teilweise starke Rückkopplungseffekte resultieren. Zum Beispiel haben oben genannte extrem Wetterereignisse auch einen negativen Einfluss auf die Bodenfunktionen auf welche im Folgenden eingegangen wird.

Abbildung 1:Bodenfunktionen

Der Boden dient nicht nur, wie bereits beschrieben, als Kohlenstoffsenke, er hat auch großen Einfluss auf das lokale Klima, er dient als Wasserspeicher, fördert damit eine gesunde Vegetation, welche wiederum über die Verdunstung von Wasser einen spürbaren Kühlungseffekt hervorbringt.

Mit der Funktion des Wasserspeichers geht die des Schutzes unseres Grundwassers vor Schadstoffen bis zu einem gewissen Maße einher, da der Boden den zum Grundwasser versickernden Niederschlag filtert. Des Weiteren dient Boden als die Grundlage überhaupt für eine produktive Landwirtschaft und so auch für unsere Ernährung.

Aufgrund dieser Eigenschaften ist der Boden eine wichtige Ressource und sollte auch hinsichtlich der klimaregulierenden und landwirtschaftlichen Bedeutung nachhaltig genutzt werden.

Jedoch werden Bodenfunktionen zunehmend gestört, zum einen durch Versiegelung (Straßen, Häuser...) und Altlasten (Umweltschädliche Stoffe, Müll...) aber auch durch Bodenverdichtung und Erosion (Abtragung) welche gerade durch die Landwirtschaft verursacht oder durch eine sinnvolle und nachhaltige Bewirtschaftung verhindert werden können.

Durch eine intensive Bewirtschaftung von Böden in der konventionellen Landwirtschaft, gerade durch die zunehmende Größe der eingesetzten Maschinen kommt es zu einer zunehmenden Bodenverdichtung, einer sogenannten Pflugsohle.

Die oberen 30cm des Bodens werden dabei zwar durch das Pflügen aufgebrochen, darunter bildet sich jedoch eine sehr dichte Bodenschicht, dadurch können sich die Wurzeln der Pflanzen nicht optimal entwickeln, außerdem kommt es zu Staunässe da der Niederschlag nicht mehr versickern kann.

Die Folge ist eine starke Ertragsminderung und Hemmung der Bodenfunktionen. Dabei ist nicht nur der landwirtschaftliche Ertrag ein Problem, sondern auch, dass der Boden kein Wasser mehr speichert. So besteht keine Pufferfunktion bei großen Wassermassen wie Hochwassern. Zu bedenken ist auch, dass kaum eine Möglichkeit besteht eine bereits entstandene Pflugsohle zu beseitigen und wieder einen fruchtbaren Boden zu erhalten.

Ein weiteres bodenschädigendes Phänomen ist die Erosion, die indirekt durch die Landwirtschaft gefördert werden kann. Auf brachliegenden Feldern hat der Wind leichtes Spiel, denn ohne eine üppige Vegetation trocknet der Boden leicht aus und hat keinen Halt. So kann starker Wind die oberen Bodenschichten schnell abtragen.

Aber auch mit Blick auf die sich durch den Klimawandel verstärkenden Wetterphänomene ergeben sich Probleme. Wasser kann eine weit stärkere erodierende Wirkung als Wind entwickeln. Der Boden wird unwiederbringlich fortgespült. Durch Unwetter und Starkniederschläge die sich durch das Fortschreiten des Klimawandels häufen könnten, kann eine verstärkte Bodenerosion stattfinden. Kommen dazu längere Trockenperioden die eine hohe Anfälligkeit für Erosion verursachen hinzu, können große Mengen fruchtbarer Erde verschwinden, in kritischen Zonen im Mittelmeerraum kann es sogar zu einer Desertifikation kommen.

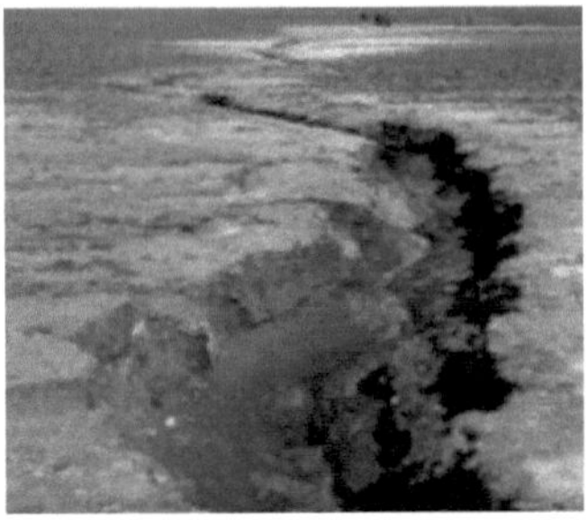
Abbildung 3: Wassererosion

Abbildung 2: Winderosion

Auf intensiv genutzten Ackerflächen kann schon heute eine jährliche Erosion von 20 Tonnen Boden pro Hektar stattfinden. Auch wenn dies auf die Fläche gesehen nicht viel erscheint, der Bodenbildungsprozess hat Jahrmillionen angedauert, jeder verlorene Millimeter fruchtbarer Ackerboden ist unwiederbringlich.

Als Alternative auf den konventionellen Ackerbau hat sich in Deutschland die nachhaltige Landwirtschaft entwickelt. Schwerpunkte liegen dabei bei einer umweltschonenden und tiergerechten Agrarwirtschaft. Wichtig dafür ist unter anderem eine Abstimmung der Tierhaltung auf den Ackerbau, die Tiere sollten vom eigenen Land ernährt werden können, wichtiger noch ist aber der passende Ertrag an Tierdung als Dünger für die eigenen landwirtschaftlichen Flächen um eine Überdüngung und damit Schädigung der Umwelt zu vermeiden.

Neben diesem Tierdung wird auf die Gründüngung mit Leguminosen als Stickstoffdünger zurückgegriffen. Dies sind z.B. Erbsen und Bohnen. Diese bringen auf natürliche Weise Stickstoff in den Boden ein und steigern so seine Fruchtbarkeit. Bei der unsachgemäßen Anwendung von künstlichem Stickstoffdünger kann es vermehrt zur Bildung von sehr klimaschädlichem Lachgas (N2O) kommen, da zu viel in die Umwelt eingetragen wird und die Vegetation dies nicht vollständig verarbeiten kann.

Außerdem kann durch häufigeren Fruchtwechsel ein Auslaugen der Böden vermieden bzw. die Fruchtbarkeit sogar gesteigert werden. Ein häufiger Fruchtwechsel dient zudem der Vermeidung einer Anreicherung von Schädlingen und Unkräutern, die sich entwickeln, wenn kein Fruchtwechsel stattfindet. So kann auch die Menge an Pestiziden und Herbiziden vermindert werden, was die Umwelt danken wird.

Ein mögliches Modell für eine Nachhaltigen Landwirtschaft ist die Agroforstwirtschaft, eine Paarung aus Land- und Forstwirtschaft. Dabei werden auf den landwirtschaftlich genutzten Flächen Schneisen aus Bäumen gepflanzt, die nicht zu verwechseln mit Kurzumtriebsplantagen sind.

Abbildung 5: Agroforstwirtschaft

Abbildung 4: Kurzumtriebsplantage

Bei der Agroforstwirtschaft geht es um ein Baumdichte von 30 bis 200 Stämmen pro Hektar wobei die Bäume erst nach 30-60 Jahren gefällt werden. Bei einer reinen Kurzumtriebsplantage bestünde eine Baumdichte von etwa 20.000 Bäumen pro Hektar, die nach wenigen Jahren gefällt würden.

Durch die Bäume die auf der landwirtschaftlichen Fläche gepflanzt werden entsteht ein natürlicher

Erosionsschutz. Der Wind wird durch die Baumkronen abgebremst und die Wurzeln geben dem Boden halt bzw. lockern diesen auf, was wiederum das Wasser besser versickern lässt. So werden Erosionseinflüsse durch Wasser und Wind verhindert.

Durch das abfallende Laub besteht auch ein Nährstoffeintrag und somit ein Düngeeffekt, während durch die Verdunstung über das Laub gleichzeitig eine natürliche Kühlung herbeigeführt wird. Dies verhindert Hitzestress bei Pflanzen und beugt einer schnellen Austrocknung des Bodens vor.

Außerdem wird durch das Agroforstsystem die Artenvielfalt unterstützt, da die Baumzonen für tierischen Lebensraum sorgen und keine reine Monokultur auf dem Feld besteht. In diesem Lebensraum entwickeln sich zwar Nützlinge wie auch Schädlinge, jedoch trägt eine große Diversität an Lebensformen zu einem weit stabileren Ökosystem bei als eine reine Monokultur.

Teile der Erträge einer angebauten Frucht auf der bewirtschafteten Fläche können sich zwar nachteilig entwickeln, z.B. in den Schattenzonen der Bäume, doch durch den positiven Einfluss und den Wert den die Bäume langfristig mitbringen wird dies ausgeglichen. So könnten ausgesuchte Bäume quasi als Altersvorsorge für den Landwirt dienen.

Letztendlich bleibt es abzuwarten in welchem Maß der Klimawandel kommt und zu welchen Veränderungen er führen wird. Allerdings bleibt zu sagen, egal wie stark sich der Klimawandel auch auswirken wird, ohne eine nachhaltigere Denkensweise wird es in Zukunft wohl kaum weitergehen können.

Quellen:

Europäische Umweltagentur (http://www.eea.europa.eu/de)

Greenpeace (https://www.greenpeace.de/themen/landwirtschaft/alternativen/artikel/viefalt_statt_einfalt)

http://www.bmz.de/de/index.html

http://www.agroforst.de/

Nachhaltige Landwirtschaft (Erich Schmidt Verlag GmbH & Co (16. Juli 2009)

REGIONALE AUSWIRKUNGEN UND PERSPEKTIVEN

Daniel Brakopp, Christian Brendle, Leon Ruß

1. AUSWIRKUNGEN DES KLIMAWANDELS AUF DEN TOURISMUS IM SCHWARZWALD

Verfasst von Daniel Brakopp

1.1. Vorwort

Der Schwarzwald zählt zu den bekanntesten und beliebtesten Tourismuszielen in Deutschland. Jedes Jahr kommen zahlreiche Touristen aus dem In- und Ausland in das Gebiet im Südwesten. Dabei ist die Vielfalt an Angeboten ein wichtiger Bestandteil für das vorhandene Interesse; von Wintersport bis zu kulinarischen Erlebnissen ist für jeden etwas dabei. So hat sich über die Jahre hinweg der Schwarzwald als Tourismusziel etabliert.

Doch was würde passieren, wenn sich nach und nach die Klimaverhältnisse ändern? Wird der weltweite

Klimawandel auch Auswirkungen auf den Tourismus im Schwarzwald haben?

Auf diese Fragestellung wird im Folgenden näher eingegangen. Dabei werden das Tourismusangebot und die Auswirkungen des Klimawandels darauf dargestellt.

Schließlich lässt sich anhand des Ergebnisses noch ein Ausblick in die Zukunft des Tourismus wagen und daraus folgern, ob entsprechende Vorkehrungen getroffen werden müssen.

1.2. Der Schwarzwald

Im Südwesten Deutschlands liegt mit einer Fläche von 11.100 km² die Tourismusregion des Mittelgebirges Schwarzwald. Der Schwarzwald, der selbst ca. zwei Drittel dieser Fläche einnimmt und sich vom Kraichgau im Norden bis zum Hochrhein im Süden erstreckt, zeichnet sich durch seine landschaftliche und kulturelle Vielfältigkeit aus.

Während die Landschaft von idyllischen Wiesentälern bis zu baumfreien Bergkuppen variiert, hat auch die Kultur eine traditionsreiche Geschichte. In der Region sind einige Gastronomen anzutreffen, die für das leibliche Wohl sorgen. Die Nähe zu Frankreich und zur Schweiz ist dabei ein Ortsvorteil, der nicht zu vernachlässigen ist.

Derzeit kommen auf 320 Gemeinden jährlich mehr als sieben Millionen Urlauber und zusätzlich noch weitere Millionen Tagesgäste in die Tourismusregion. Dadurch nehmen Unternehmer, Gemeinden und auch das Land Baden-Württemberg jedes Jahr hohe Summen an Einnahmen ein.

Diese Massen an Touristen erscheinen aber natürlich nicht grundlos, sondern nutzen das vielfältige Angebot. Damit dies auch in den kommenden Jahren möglich ist, müssen die jeweiligen Veranstalter oder Gemeinden ihr bewährtes Programm weiter anbieten oder gegebenfalls an die Umstände anpassen.

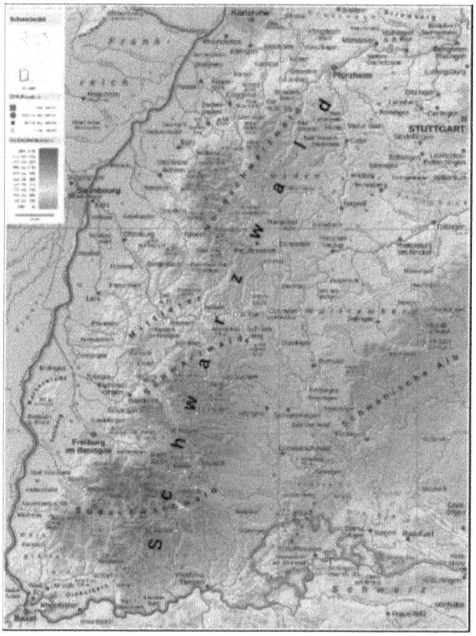

Abbildung 6: Topographische Karte des Schwarzwaldes

1.3. Tourismusangebot

Der Schwarzwald bietet eine große Auswahl an Aktivitäten für verschiedene Interessen an. Allgemein lässt sich das Angebot neben der jeweiligen Nebensaison in Sommer- und Wintertourismus unterteilen.

Im Sommer stehen neben sportlichen Tätigkeiten wie Mountainbiking, Gleitschirmfliegen oder Klettern auch Wanderungen, kulturelle Besichtigungen und Städtereisen im Vordergrund.

Damit dies möglich ist, ist für ein breites Infrastrukturnetz gesorgt. So können z.B. die Naturlandschaften durch ein ausgebautes Wanderwegnetz mit einer Länge von fast 24.000 km bis in die entlegensten Winkel begutachtet werden.

Im Winter beginnt dagegen die Saison für die Wintersportarten rund um das Skifahren. Auch hier ist ein breites Spektrum von Extremsportarten bis zu Schneewanderungen möglich. Dafür sind mit mehr als 70 Bergen und Gipfeln, die zwischen 1000 und 1493

Meter hoch aufragen, gute Voraussetzungen geschaffen.

Unabhängig von der Jahreszeit bietet die Region auch viele Wellness- und Erholungsmöglichkeiten.

Eine weitere Rolle für den Tourismus spielt die Gastronomie. Während manche Gastronomiebetriebe der Grund dafür sind, dass Touristen erscheinen, haben sich andere über die Jahre hinweg an Lokalitäten niedergelassen, an denen schon zuvor Touristen anzutreffen waren. Sie haben sich also an der potentiellen Kundschaft orientiert.

Abbildung 7: Skifahren gehört auch im Schwarzwald zu den beliebtesten Wintersportarten

1.4. Auswirkungen des Klimawandels

Der Klimawandel hat grundsätzlich zur Folge, dass die Durchschnittstemperatur für das gesamte Jahr leicht ansteigt. Im Sommer treten dabei vermehrt Hitze- und Trockenperioden auf, während im Winter der Niederschlag oft aufgrund der wärmeren Luftmassen nicht mehr als Schnee, sondern als Regen auf die Erde trifft. Zusätzlich steigt das Unwetterrisiko, wodurch Gewitter und Überschwemmungen an Menge und Intensität zunehmen.

Durch die primären Auswirkungen auf die Wettersituationen sind im Schwarzwald vor allem die wetterabhängigen Aktivitäten vom Klimawandel betroffen. Dabei ist besonders der Wintersport von der Wettersituation abhängig. Fällt im Winter also weniger Schnee und dafür Regen, wird der winterliche Aktivitätenbereich stark eingeschränkt, da der Hauptbestandteil fehlt.

Im Vergleich zu den Jahren 1994 bis 2003 geht die Zahl der Schneetage in den Jahren 2021 bis 2030 in tieferen Lagen um mehr als 18 Prozent und um rund

23 Prozent in Höhenlagen zwischen 500 und 1.000 Metern zurück. Noch extremer sind die Aussichten für die Jahre 2041 bis 2050: Es wird mit 25 bis 44 Prozent weniger Schneetagen für die Gipfellagen des Schwarzwalds gerechnet, in den tieferen Lagen sogar mit bis zu 65 Prozent.

Während der Wintertourismus sehr stark beeinträchtigt wird, sieht es für den Sommertourismus deutlich besser aus. Die Anzahl der Bade- bzw. Wandertage wird im Lauf der nächsten Jahre langsam ansteigen, da es wärmer und trockener werden wird. Dadurch werden touristische Angebote in den Sommermonaten, aber auch in der Nebensaison an Attraktivität zunehmen. Dies betrifft dann sowohl die sportlichen, als auch die kulturellen Aktivitäten.

Während für manche Touristen der Sport im Vordergrund steht, sind andere auch an der Pflanzen- und Tierwelt im Schwarzwald interessiert.

In der Pflanzenwelt werden aufgrund des Klimawandels auch Veränderungen auftreten. Durch den Anstieg der Temperatur und durch längere Trockenperioden wird sich der teils typische, aber unnatürliche Nadelbaumcharakter des Schwarzwaldes ändern, indem vor allem die Fichte immer mehr zurückgedrängt wird und durch andere anpassungsfähigeren Nadelbaumarten, aber auch durch Laubbäume ersetzt wird. Dies wird durch den Anstieg an Pilz- und Schädlingsbefall noch verstärkt. Zusätzlich kommt es gebietsweise zu einer erhöhten Waldbrandgefahr.

Auf der anderen Seite wird es eine längere Vegetationsperiode geben, in der die Bäume auch ein stärkeres Wachstum vorweisen werden. Außerdem steigt mit der Temperatur auch die Vegetationsgrenze. Wenn sich die Atmosphäre um 3 °C erwärmen sollte, würden sich die Höhengrenzen der Waldgesellschaften um 300 bis 500 Meter nach oben verschieben. Noch auf einer Höhe von 1.000 Metern finden sich dann konkurrenzkräftige Buchen-Eichen-Wälder.

Neben den Pflanzen wird auch die Tierwelt vom Klimawandel beeinflusst. Grob lassen sich die Auswirkungen durch einen Temperaturanstieg hierbei auf die 1°C-Marke unterteilen. Dies bedeutet, dass bei einem Temperaturanstieg von bis zu 1°C die Artenvielfalt zunimmt, indem z.B. auch mediterrane Tierarten ihren Weg nördlich der Alpen finden. Zugvögel müssen teilweise nicht mehr weite Reisen antreten und der Bruterfolg könnte steigen. Durch den Temperaturanstieg entstehen aber natürlich auch Risiken. So werden vor Ort etablierte Lebensgemeinschaften instabil, krankheitsübertragende Insekten können sich ansiedeln oder Moore austrocknen und damit keinen Lebensraum mehr bieten.

Wenn die Erwärmung über 1°C steigt ist davon auszugehen, dass die Artenvielfalt wieder sinkt und sowohl Nachteile als auch Schäden an Gewicht zunehmen.

Ein weiterer Faktor ist die Zunahme der Anzahl und Intensität von Unwettern. So kann es durch starken Niederschlag vermehrt zu Überschwemmungen oder Erdrutschen kommen, wodurch die Infrastruktur beeinträchtigt werden kann. Auch Stürme mit hohen Windgeschwindigkeiten können dazu beitragen.

Dies kann Touristen abschrecken oder auch Tourismusziele unzugänglich machen oder sogar zerstören, wodurch hohe Kosten entstehen können.

Abbildung 8 Zerstörter Wanderweg

1.5. Chancen und Risiken

Für die betroffenen Unternehmen und Gemeinden zeichnen sich verschiedene Chancen und Risiken ab. Während der Klimawandel negative Auswirkungen hat, müssen auch die positiven Aspekte betrachtet werden.

Die größten Probleme werden beim Wintersport entstehen. Es besteht die Gefahr, dass in vielen

Bereichen nicht mehr genug Schnee liegt und auch mit Schneekanonen nicht mehr nachgeholfen werden kann. Langfristig wird hierbei die einzige Lösung sein, sich auf andere Tourismusangebote zu konzentrieren oder neue zu erstellen.

Im Gegensatz dazu bilden sich für den Sommertourismus Chancen, indem das vorhandene Angebot erhalten und sogar noch ausgebaut werden kann. Auch die Nebensaison könnte davon profitieren.

In diesem Zusammenhang ist auch fraglich, ob sich der Betrieb einer Gastronomie über den Winter in den entsprechenden Gebieten überhaupt noch lohnen wird. Hier muss allerdings unterschieden werden, ob der Gastronomiebetrieb oder das winterliche Klima die Hauptursache für das touristische Interesse vor Ort ist. Sollte letzteres vorliegen, ist auf Dauer an einen Standortwechsel zu denken.

Auch sehr problematisch sind die Unwetter mit ihren Folgen. Es muss nämlich dafür gesorgt werden, dass die vorhandene Infrastruktur angepasst und befestigt wird und im Notfall auch wieder repariert werden kann. Das wird für steigende Kosten sorgen.

Weitere Risiken entstehen durch die Veränderungen in der Tier- und Pflanzenwelt. So sorgen auch Schädlingsbefall, Waldbrandgefahr, krankheitsübertragende Insekten und das Austrocknen von Mooren für Probleme mit dem Landschaftsbild. Dies kann sich negativ auf das touristische Interesse auswirken.

Allerdings kann sich auch hier bis zu einem bestimmten Grad die Artenvielfalt auf eine positive Weise erhöhen und dem Tourismus nützen.

1.6. Fazit

Der Klimawandel stellt uns vor neue Herausforderungen und bringt dabei Gefahren, aber auch neue Möglichkeiten mit sich. Dies trifft auch auf den Tourismus im Schwarzwald zu. Während auf der einen Seite manche Tourismuszweige wie der Wintersport in Zukunft wegfallen können, bietet sich an anderer Stelle die Möglichkeit zum Ausbau der vorhandenen Angebote an. Um den Tourismusbetrieb zu erhalten werden auf der einen Seite hohe Kosten und neue Ausrichtungen eingeplant werden müssen, während im Sommertourismus mit mehr Zulauf und somit mehr Einnahmen gerechnet werden kann. Somit lässt sich abschließend sagen, dass der Klimawandel Vor- und Nachteile mit sich bringt, die sich unterschiedlich auf das Tourismusangebot auswirken werden. Daher liegt es jetzt an den Gemeinden, Gastronomiebetrieben und Unternehmen einen Plan zu entwickeln, um den kommenden Nachteilen entgegenzuwirken und um die Vorteile am besten nutzen zu können.

Quellen

Literatur

Klimawandel Baden-Württemberg: Fakten-Folgen-Perspektiven (Ministerium für Umwelt, Klima und Energiewirtschaft Baden-Württemberg, 2012)

Dem Klimawandel begegnen: Die Deutsche Anpassungsstrategie (Bundesministerium für Umwelt, Naturschutz und Reaktorsicherheit, 2009)

Internet

http://www.schwarzwald-tourismus.info/

Bildnachweis

Abbildung 1:

https://upload.wikimedia.org/wikipedia/commons/7/78/Schwarzwald_-_Deutsche_Mittelgebirge%2C_Serie_A-de.png

Abbildung 2:

http://www.badische-zeitung.de/bonndorf/lotenbachklamm-bleibt-gesperrt--106362706.html#

Abbildung 3:

http://www.schwarzwald-tourismus.info/var/stg/storage/images/media/bibliothek/bilder/winter/wintersport/skifahrer-mit-trickskiern-im-sprung/50402-1-ger-DE/Skifahrer-mit-Trickskiern-im-Sprung_front_large.jpg

2. KLIMAWANDEL AM BODENSEE

Verfasst von Christian Brendle

2.1. Vorwort

Der Bodensee ist Deutschlands größter See und liegt im nördlichen Alpenvorland. Die Schweiz und Österreich sind weitere Anrainerstaaten. Er ist nicht nur für viele Fischarten und andere Lebewesen Lebensgrundlage, sondern auch für uns Menschen von großer Bedeutung. Seine wunderschöne Landschaft und Natur sorgen dafür, dass der Bodensee eines der beliebtesten Tourismusziele Deutschlands darstellt. Doch der Klimawandel macht auch nicht vor dem Bodensee halt. Er hat und wird Auswirkungen auf Natur, Umwelt, Bevölkerung, Tourismus und viele weitere Faktoren haben. Auf was muss man sich einstellen? Welche Auswirkungen wird man zu spüren bekommen? Was kann man dagegen tun? Diesen und vielen weiteren Fragen wird man sich heute und in der Zukunft stellen müssen.

2.2. Geschichte des Bodensees

Der Bodensee blickt auf eine lange Entstehungsgeschichte zurück. Grundsätzlich verdankt der Bodensee seine Entstehung der Auffaltung der Alpen. Diese fand im ausgehenden Tertiär statt. Im frühen und mittleren Eiszeitalter gab es zwei Ur-Bodenseen, welche aber wohl innerhalb weniger Jahrtausende verlandeten. Vor rund 120.000 Jahren gab es den Bodensee das erste Mal in etwa der heutigen Form. Nach der letzten Eiszeit entstand vor 14.000 Jahren der sogenannte „Rheintalsee“, der sich bis in die Nähe der Stadt Chur erstreckte. Damals besaß der See ungefähr die doppelte Fläche. Nur 4.000 Jahre später war dieser Teil des Sees allerdings schon wieder verlandet, da der Rhein enorme Mengen an Schutt heranschwemmte. Somit entstand die heutige Form des Bodensees in etwa vor 10.000 Jahren.

Heute hat der See eine Oberfläche von 536 km2. An seiner tiefsten Stelle misst der See 251m. Die gesamte Uferlänge beträgt 273 km. Baden-Württemberg besitzt mit Abstand die meiste Uferlänge, nämlich 155 km.

Eine weitere interessante Anmerkung ist, dass sich die drei Anrainerstaaten Deutschland, Schweiz und Österreich die Hoheitsrechte ohne feste Grenzen aufteilen.

2.3. Klimawandel am Bodensee

2.3.1 Klimatische Verhältnisse

Der Bodensee befindet sich in einer warmgemäßigten feuchten Klimazone und wird von atlantischem und kontinentalem Klima beeinflusst. Aus dem Westen kommt feuchte Meeresluft und aus östlicher Richtung vorwiegend trockene, kühle Kontinentalluft. Darüber hinaus ist häufig der sogenannte „Alpenföhn“ anzutreffen.

Die Wassermassen des Sees wirken sich ausgleichend auf die Lufttemperatur der Umgebung aus. Dies hat relativ milde Winter zur Folge, da die gespeicherte Energie im Herbst und Winter an die Umgebung abgegeben wird.

Aufgrund des Staueffekts der Alpen nimmt die Niederschlagsmenge von West nach Ost zu. Während in Radolfzell durchschnittlich 805 mm Niederschlag zu Boden geht, sind es in Bregenz 1.380 mm.

2.3.2 Klimaveränderungen

Wenn man die letzten 1.000 Jahre als Grundlage nimmt, wird man feststellen, dass das Klima in Süddeutschland sehr stark schwankte. So kam es zum Beispiel während der „Kleinen Eiszeit" im 14.-16. Jahrhundert häufig zu Seegfrörne-Ereignissen. Zum letzten Mal fror fast der ganze See im Jahr 1963 zu.

Seit dem 20. Jahrhundert ist allerdings ein eindeutiger Trend zu erkennen, denn in dieser Zeit hat die globale Durchschnittstemperatur um ca. 0,6°C zugenommen. Diese rasante Zunahme kann nach vorherrschender Meinung auch nicht mit einer natürlichen Klimaänderung erklärt werden, sondern hat klar etwas mit der zunehmenden Emission treibhauswirksamer Gase zu tun. Laut der Wetterstation Romanshorn (Schweizer Seeseite gegenüber Friedrichshafen) nahm die Jahresmitteltemperatur am Bodensee zwischen

1880 und 1997 um 1,5°C zu. Die gleiche Tendenz ist in Bregenz zu beobachten. Im Zeitraum von 1990 bis 2014 (10,1°C) war die Lufttemperatur in Konstanz um 1,1°C höher als im Zeitraum von 1962 bis 1989 (9,0°C).

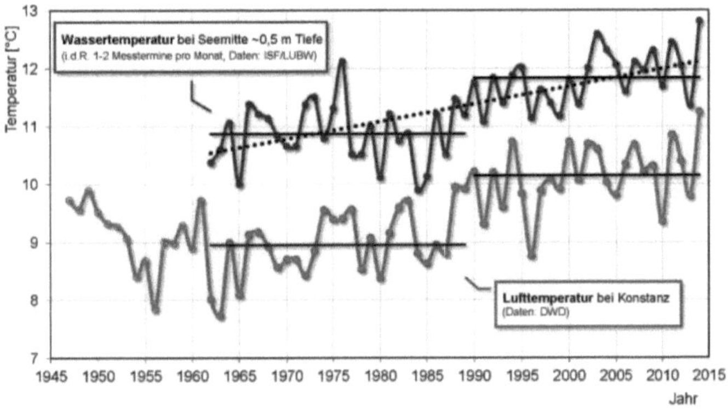

Abb. 1: Verlauf der Temperaturen der Luft und des Oberflächenwassers im Bodensee von 1962 – 2014.
Mittelwert der Wassertemperaturen: 1962 – 1989: 10,9 °C, 1990 – 2014: 11,8 °C; also Anstieg um +0,9 °C.
Mittelwert der Lufttemperaturen: 1962 – 1989: 9,0 °C, 1990 – 2014: 10,1 °C; also Anstieg um +1,1 °C.
Der lineare Trend der Wassertemperaturen beträgt für die Jahresmittelwerte von 1962 – 2014 +0,03 °C/Jahr.

Doch nicht nur die Lufttemperatur nimmt immer weiter zu, sondern natürlich auch die Temperatur des Seewassers selbst. Im selben Zeitraum stieg die Seetemperatur um 0,9°C.

In den letzten Jahrzehnten waren auch weitere Klimatrends zu beobachten. Niederschlags-extremwerte häuften sich, die mittlere Schneedeckendauer nahm ab. Inwieweit sich diese Trends fortsetzen werden, ist allerdings schwierig zu sagen. Klimamodelle gehen bei einer Verdopplung des CO2-Ausstoßes gegenüber 1990 davon aus, dass sich die in Mitteleuropa im Winter vorherrschende westlichte Anströmung verstärken wird und dies somit zu einer leichten Erwärmung und Niederschlags-zunahme führt. Im Sommer soll sich das hingegen aber umkehren. In Süddeutschland soll der kontinentale Einfluss stärker und der atlantische schwächer werden. Dies hätte zur Folge, dass die Sommer deutlich wärmer und trockener werden würden. Als Folge dessen würde die Jahresmitteltemperatur um 2 bis 2,5 Grad zunehmen.

2.3.3 Auswirkungen auf Natur und Umwelt

Bekanntlich ist Wasser bei 4°C am schwersten und sinkt nach unten. Seit einigen Jahren kühlt sich das Wasser des Bodensees im Winter aber immer häufiger nicht genügend ab, was dazu führt, dass die oberen Wasserschichten seltener nach unten sinken und somit die tieferen Wasserschichten schlechter durchmischt werden. Die Durchmischung des Wassers ist allerdings sehr wichtig, da dadurch Sauerstoff in die tiefen Wasserschichten transportiert wird, der lebensnotwendig für viele Organismen und Tiere dort ist.

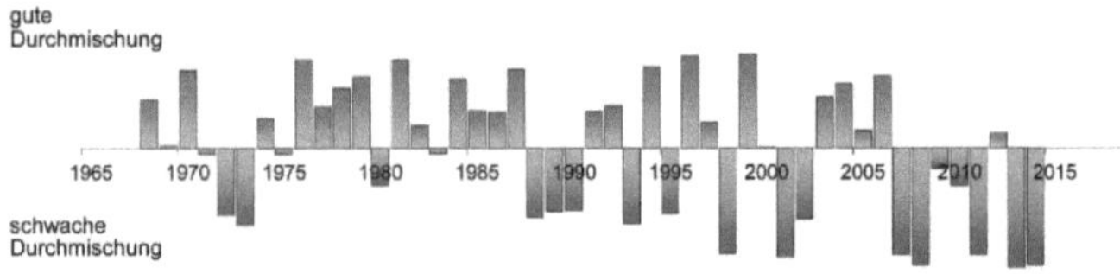

Abb. 2: Die winterliche vertikale Durchmischung des Bodensees hat sich in den letzten 5 Jahrzehnten tendenziell verschlechtert: Die Stärke der Durchmischung wurde durch den winterlichen Abbau der vertikalen Konzentrationsunterschiede des Phosphats abgeschätzt und als dimensionsloser Kennwert quantifiziert (KLIWA, 2007). Unsicherheiten in der Aussagekraft des Durchmischungskennwerts ergeben sich durch andere Prozesse, welche die Konzentrationsverteilung beeinflussen, wie beispielsweise Abbau- und Rücklösungsprozesse oder Flusswassereinträge.

Besonders für die Fische ist eine gute Wasserdurchmischung von hoher Wichtigkeit.

Zum Beispiel wären die Eier der Blaufelchen davon betroffen, da sich diese auf dem Seegrund entwickeln und durch die geringere Sauerstoffzufuhr geschädigt werden würden. Für viele Fischer ist allerdings der nährstoffarme See der Hauptgrund für sinkende Fangerträge. Sie fordern, dass mehr „schmutziges“ Wasser zurück in den See geleitet wird, damit sich die Fische wieder besser entwickeln können. Doch der Klimawandel ist mit dafür verantwortlich, dass der Bodensee nährstoffarm gehalten wird, denn den oben genannten Veränderungen kann der Bodensee so besser trotzen.

Insgesamt gesehen wird erwartet, dass sich durch den Klimawandel die Lebensraumbedingungen verändern bzw. neue ergeben und vor allem neu eingewanderte Arten davon profitieren werden.

Durch eine Zunahme der Trockenheit würden die Flüsse im Sommer weniger Wasser führen und die Verdunstung wäre höher. Fallende Wasserstände könnten die Folge sein, was Auswirkungen auf die Ufervegetation und Fauna hätte, wie z.B. die Beschneidung der Brutgebiete. Größere Ursachen für das Fallen der Wasserstände sind vermutlich aber

Faktoren wie Abgrabungen, Bauwerke oder die Erosionsvorgänge im Seeauslauf.

2.3.4. Auswirkungen auf die Trinkwasserversorgung

Untersuchungen ergaben, dass die Trinkwasserversorgung durch den Klimawandel am Bodensee grundsätzlich nicht gefährdet ist. Die durch den Klimawandel entstehenden Folgen werden nichts an den zu erwartenden Wechselwirkungen und Prozessabläufen ändern. Diesbezüglich wurden bereits in der Vergangenheit Erfahrungen gemacht, wie man z.B. auf Hochwasserereignisse und Änderungen in der Wasserbeschaffenheit zu reagieren hat. Nichtsdestotrotz wird man in Zukunft Anpassungsmaßnahmen im Zuge der sich ändernden klimatischen Bedingungen treffen müssen.

2.3.5 Auswirkungen auf den Tourismus

Wie bereits beschrieben, wird der Klimawandel Änderungen des Wetters am Bodensee mit sich bringen. Für den Tourismus am Bodensee ist insbesondere das Wetter in den Sommermonaten von Bedeutung. Dieses soll bekanntlich wärmer und trockener werden. Das könnte durchaus einen positiven Effekt auf die Tourismusregion Bodensee haben, da sich dadurch die Anzahl der Badetage vergrößern und die Badesaison verlängern würde.

LÄNGE DER BADESAISON AM BODENSEE

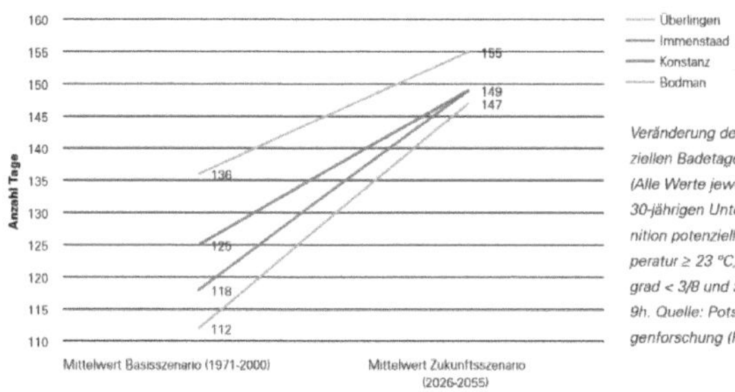

Veränderung der Spannweiten von potenziellen Badetagen in der Bodenseeregion. (Alle Werte jeweils gemittelt über den 30-jährigen Untersuchungszeitraum). Definition potenzieller Badetag: Maximaltemperatur ≥ 23 °C, mittlerer Bewölkungsgrad < 3/8 und Sonnenscheindauer min. 9h. Quelle: Potsdam-Institut für Klimafolgenforschung (PIK), 2005: KLARA

Nach Forschungsergebnissen könnte die Zahl der potenziellen Badetage im Zeitraum von 2026 bis 2055 um durchschnittlich 4 Tage im Jahr zunehmen. Das klingt erst einmal nach nicht viel, doch wenn man bedenkt, dass 1972 in Bodman das Minimum bei 8 und das Maximum im Jahr 2000 in Immenstaad bei 43 Tagen lag, ergibt sich daraus durchaus eine positive wirtschaftliche Bedeutung. Zusätzlich beginnt die Badesaison bis zu drei Wochen früher und dauert bis zu vier Wochen länger. Auch würden dadurch mehr Arbeitsplätze im Tourismusbereich entstehen.

Mehr Tourismus ist wirtschaftlich gesehen natürlich positiv zu bewerten, aber es bringt genauso Nachteile mit sich. Mehr Touristen bedeuten mehr Verkehr, mehr Staus als ohnehin schon und einem daraus resultierenden höheren CO2 Ausstoß. Um der steigenden Nachfrage gerecht zu werden, müsste das touristische Angebot ausgebaut werden, was zu Lasten der Natur am Bodensee gehen könnte.

2.4. Thermische Nutzung des Bodensees

Alternative Energiequellen werden aufgrund des Klimawandels immer wichtiger. Eine mögliche thermische Nutzung des Bodensees ist daher sehr interessant. Die im Bodensee gespeicherte thermische Energie kann dazu genutzt werden, um Gebäude im Winter mittels Wärmepumpen zu beheizen um im Sommer mit Hilfe von Wärmetauschern zu kühlen. Das hätte zur Folge, dass der See im Winter zusätzlich abgekühlt und im Sommer weiter erwärmt wird. Nun stellt sich natürlich die Frage, wie sehr eine thermische Nutzung die Temperaturen des Sees verändert, denn es sollen möglichst negative Folgen für das Ökosystem ausgeschlossen werden. Eine zu intensive thermische Nutzung würde die Auswirkungen des Klimawandels nur verstärken. Aufgrund seiner Größe ist die thermische Nutzung des Bodensees bis zu einem bestimmten Grad problemlos möglich. Kleinere Gewässer stoßen dagegen schnell an ihre ökologisch verträglichen Grenzen und sind für somit für die thermische Nutzung nicht so sehr geeignet.

2.5. Fazit

Der Klimawandel macht auch vor dem Bodensee nicht halt. Das war klar. Mit großer Wahrscheinlichkeit kann gesagt werden, welche Veränderungen auf uns zukommen werden, jedoch nicht, wie stark diese sein werden. Entscheidend dafür wird sein, wie stark man in Zukunft klimaschädliche Emissionen reduzieren wird. Die Winter werden niederschlagsreicher, die Sommer wärmer und trockener werden. Für den See und die Natur und Umwelt werden die Folgen wohl eher negativ sein, da das Wasser schlechter durchmischt wird. Dagegen wird der Tourismus aufgrund dessen vermutlich mehr vom Klimawandel profitieren. Insgesamt betrachtet, werden die negativen Auswirkungen sicherlich überwiegen, doch die wenigen Chancen, die sich dadurch ergeben, sollten auf jeden Fall genutzt werden. Die Gemeinden, Städte und Kommunen müssen sich aber auch auf jeden Fall ihrer Verantwortung bewusst sein und dürfen die Auswirkungen nicht einfach auf sich zukommen lassen.

Quellen

Internationale Gewässerschutzkommission für den Bodensee (IGKB): Der Bodensee. Zustand – Fakten – Perspektiven, Bregenz 2004

http://www.igkb.org/der-bodensee/entstehung-des-bodensees/

http://www.igkb.org/der-bodensee/seedaten/

http://www.igkb.org/fileadmin/user_upload/dokumente/aktuelles/Klimbo_Broschuere_Web2_reduziert.pdf

http://www.igkb.org/fileadmin/user_upload/dokumente/klimbo/KlimBo_Blauer_Bericht_60_s.pdf

http://www4.lubw.baden-wuerttemberg.de/servlet/is/67972/klimawandel_in_baden_wuerttemberg.pdf?command=downloadContent&filename=klimawandel_in_baden_wuerttemberg.pdf

3. FRACKING

Verfasst von Leon Ruß

3.1. Chance oder Klimasünde?

„Fracking" ist im Laufe der Verhandlungen der Handelsabkommen „TTIP" und „CETA" mit Amerika und Kanada den meisten Menschen ein Begriff geworden. Massive Proteste seitens der Bevölkerung waren die Folge, nicht nur aufgrund der umweltschädlichen Grundzüge des Verfahrens, sondern auch durch die Möglichkeit einer extremen Gesundheitsgefährdung der umliegenden Anwohner. Donald Trump betont in den sozialen Netzwerken wie sauber und ungefährlich Fracking sei und diskreditiert die durch Windkraft erzeugte Energie hingegen als gesundheitsgefährdend. Vorfälle wie im „Towanda Creek" in Pennsylvania, bei denen tausende Liter Fracking-Flüssigkeit durch einen Bohrunfall austreten und sich auf die umliegenden Flüsse und landwirtschaftlichen Felder ausbreiten konnte, bleiben vollkommen unberücksichtigt. Dieser Beispielsfall ist bei weitem nicht die einzige Gefährdung die auf uns zu kommt, falls Fracking im Allgemeinen auch hier in Deutschland gesetzlich erlaubt wird. Doch inwiefern wirkt sich Fracking auf den Klimawandel aus und welche Gefahrenpotenziale lauern zusätzlich in dem umstrittenen Verfahren? Wiegen die energiepolitischen Interessen der Bundesregierung und der Energiekonzerne mehr als die Unversehrtheit des Landes und seiner Einwohner? Was war Inhalt und vor allem Zweck des Fracking-Gesetzespakets vom 24.06.2016 der Großen Koalition?

Auf diese Fragen wird im folgenden Text eingegangen, um eine eigene Meinungsbildung zum Thema Fracking auf deutschem bzw. europäischem Gebiet zu ermöglichen.

3.2. Was versteht man unter Fracking?

„Hydraulic Fracturing", kurz Fracking, ist ein Vorgang zur Förderung von Erdgas bzw. Erdöl, dass sich in bestimmten, tiefen Gesteinsschichten angesammelt hat. Um ebendieses Gas oder Öl aus den Gesteinsschichten zu lösen, wird mit starkem Druck eine Mischung aus Sand, Wasser und verschiedensten Chemikalien unter Hochdruck in den

Boden gepresst. Dadurch werden die umliegenden Gesteinsschichten aufgesprengt und Risse entstehen, durch die das Gas nun entweichen kann und mit dem Fracking-Fluid zusammen abgepumpt wird. Nach der Förderung des Erdgases bzw. Öls wird das Fracking Fluid erneut in das Bohrloch gepumpt und dort letztendlich versiegelt.

Pro Bohrung werden ca. acht Millionen Liter Trinkwasser, mehrere tausend Tonnen Sand und 200.000 Liter Chemikalien verwendet.

Die Mengen an Trinkwasser die für eine solche Bohrung verwendet werden, würden den Wasserbedarf von 65.000 Menschen für einen ganzen Tag decken, was in Anbetracht der herrschenden Wasserknappheit in vielen Teilen unserer Erde ein regelrechter Hohn ist.

Über die genaue Zusammensetzung der Chemikalien schweigen die Konzerne, bekannt ist allerdings, dass bis zu 700 verschiedene Chemikalien zum Einsatz kommen, von denen einige hochgiftig und krebserregend sind, wie zum Beispiel Benzol und Ameisensäure.

Trotz dieser Erkenntnisse behauptet Exxon Mobil auf ihrer Webseite: „Eine Gefahr für Gesundheit und Umwelt besteht nicht: Die verwendeten Flüssigkeitsgemische sind nach geltender Rechtslage weder giftig noch umweltgefährlich."

3.3. Fracking und seine Auswirkungen auf den Klimawandel

Laut Pariser Klimaabkommen soll die EU bis 2030 ihren Treibhausgasausstoß um 40 % gegenüber 1990 senken, was sicherlich schwer zu erreichen ist, wenn das Fracking nicht schnellstmöglich per Gesetz verboten wird. Dass sich Fracking negativ auf den Klimawandel auswirkt, dürfte ziemlich offensichtlich sein, da es sich um die Förderung von fossilen Brennstoffen handelt und diese nunmehr in der Energiewende nicht mehr sinnvoll sind. Erdgas ist bei der Verbrennung zwar weniger schädlich als Kohle, aber insgesamt sind die negativen Auswirkungen des Frackings auf die Klimabilanz höher. Gründe hierfür sind ein sehr hoher Energiebedarf, um das Fracking überhaupt betreiben zu können. Zudem sind die Bohrlöcher schnell erschöpft, was zu häufigen neuen Bohrungen führt. Hinzu kommen noch die Methan-

Emissionen, die bei jeder Bohrung auftreten. Man spricht von 3 % Verlust des geförderten Gases bei jeder Bohrung, die durch Lecks in den Leitungen, sowie Transport verursacht werden. Dieses entweichende Methan ist 25-mal klimaschädlicher als Kohlenstoffdioxid Verbindungen.

Um also sowohl dem Klimaziel der EU bis 2030 und der Energiewende gerecht werden zu können, müssten schnellstmöglich Schritte hin zum gesetzlichen Verbot des Frackings gemacht werden. Die Frage ist nur, wieso wurden diese notwendigen Restriktionen nicht schon längst auch in Deutschland durchgesetzt? Einem Land das traditionsgemäß viel Wert auf Umweltschutz und Landschaftsbild legt? Am Beispiel von Bulgarien lässt sich doch klar erkennen, dass es durch einen einfachen Beschluss im Parlament möglich wäre ein Verbot zu statuieren und dieses Verbot auch gleich in die Verhandlungen der Handelsabkommen TTIP und CETA miteinfließen zu lassen.

3.4. Das Gesetzespaket zum Fracking in Deutschland:

Am 24.06.2016 wurde von der Großen Koalition, bestehend aus SPD und der Union, ein Gesetzespaket zum Fracking verabschiedet. Die wesentlichen Inhalte sind größtenteils weniger positiv im Hinblick auf das Klimaziel 2030, doch einige Aspekte sind, auch aufgrund des Drucks aus der Zivilgesellschaft, als sehr sinnvoll zu bewerten. Zum einen ist das Fracking in Wasserschutzgebieten und Gebieten, in denen das Wasser zur Lebensmittelherstellung verwendet wird, verboten. Ebenso ist es illegal in Naturschutzgebieten und Nationalparks zu fördern, was allerdings nicht für jedes Naturschutzgebiet gilt und außerdem Möglichkeiten zur Umgehung des Verbots liefert. Des Weiteren sieht das Gesetzespaket eine starke Verschärfung des Genehmigungsrechts für Fracking-Vorhaben vor. Zudem wurde ein faktisches Verbot für Fracking in Schiefer-, Mergel-, Ton- und Kohleflözgestein erwirkt, allerdings mit dem Vorbehalt vier Probebohrungen durchzuführen. Für diese Probebohrungen wird jedoch die Zustimmung des jeweiligen Bundeslandes notwendig sein. Leider besteht die Möglichkeit, dass das Verbot 2021 erneut überprüft und somit eventuell abgeschafft werden könnte. Ein weiterer Schritt in die richtige Richtung ist die Pflicht eine Umweltverträglichkeitsprüfung durchzuführen, durch die betroffene Bürger, Gemeinden und Umweltschutzverbände zumindest Beteiligungsrechte zugesprochen bekommen und gegebenenfalls, mit der richtigen Argumentation und sinnvollen Einsprüchen, das gesamte Fracking-Vorhaben aufzuhalten, wie bereits am Bodensee geschehen.

Diese teils positiven Entwicklungen werden jedoch durch die übrigen eher negativen Aspekte in den Schatten gestellt. So ist zum Beispiel das „Tight-Gas-Fracking", also das Fracking in dichtem Sandstein, explizit erlaubt und das sogar in Natura-2000-Gebieten, also speziellen von der EU ausgewiesenen Naturschutzgebieten, möglich ist. Diese Natura-2000-Gebiete sind von ihrer Wertigkeit her nur knapp unter Naturschutzgebieten anzusiedeln. Rein theoretisch ist Fracking in Naturschutzgebieten und Nationalparks verboten, was allerdings durch die Regelung, dass in direkter Umgebung auch horizontale Bohrungen durchgeführt werden dürfen, ausgehebelt wird und somit die schädlichen Chemikalien sehr wohl zumindest unter die Fläche der eigentlich geschützten Gebiete gelangen kann. Hinzu kommt, dass das veraltete Bundesberggesetz, durch welches die Fracking-Vorhaben geregelt werden, keinen längst notwendigen Reformen unterzogen worden ist. Dies hat die Folge, dass die Rohstoffgewinnung weiterhin Vorzug vor anderen öffentlichen Interessen hat. Da die zuständigen Bergbaubehörden selten in die Umweltverwaltung integriert sind, kann es leicht zu Fehleinschätzungen kommen. In Hessen und Baden-Württemberg ist dies bereits in die Tat umgesetzt worden, was sicherlich zu einer vereinfachten und besseren Zusammenarbeit geführt hat. Ein weiterer Regelungsinhalt ist der Umgang mit verseuchtem Bohrschlamm bzw. Fracking-Fluid, bei dem keine naturverträgliche Entsorgung verlangt wird. Üblicherweise pumpen die Fracking-Unternehmen den irreparabel verseuchten Bohrschlamm, sowie das Fracking-Fluid in das ausgeschöpfte Bohrloch zurück, wo es letztendlich hunderte Meter unter der Erde versiegelt wird.

Alles in allem ist dieses Gesetzespaket ein kleiner Schritt in die richtige Richtung, lässt aber zu viele Möglichkeiten gewisse Verbote zu umgehen und somit die Tier- und Pflanzenwelt, sowie das Grundwasser stark zu gefährden und den Klimawandel, sowie die Ziele des Pariser Abkommens gekonnt auszuklammern. Die einzig richtige Aktion wäre gewesen, dem Fracking im Allgemeinen einen Riegel vorzuschieben und ein gesetzliches Verbot für das Fracking zu etablieren. Ebenso müsste dieses Vorhaben in die Verträge der Handelsabkommen TTIP und CETA aufgenommen werden, um den Klagen der Energiekonzerne vorzubeugen. In diesem Fall wollte die Bundesregierung wohl eher einen vorbildlichen Handelspartner abgeben, als sich für den Klima- und Naturschutz einzusetzen.

3.5. Gefahren für die Umwelt

Dass Fracking einen umwelt- und klimagefährdenden Charakter hat, ist vielen bekannt. Welche konkreten Risiken diese Methode zur Erschließung von unkonventionellen Gas- oder Ölquellen mit sich bringt, wird im folgenden Text dargestellt.

Zum einen ist der enorme Flächenverbrauch pro Bohrung für die angesiedelten Tier- und Pflanzenarten fatal, da sie ihre natürlichen Habitate und Futterquellen verlieren. Zudem besteht die Möglichkeit, dass die durch den Fracking-Vorgang entstandenen Risse in den Gesteinsschichten in Erdbeben resultieren, da eine nicht zu unterschätzende unterirdische Instabilität herbeigeführt wird. Sollte dies zum Beispiel in der Nähe eines Atomkraftwerkes geschehen, kann man sich die Folgen nur schwer vorstellen. Zum einen ist Deutschland allgemein sehr schlecht aufgestellt, um bei Erdbeben angemessen zu reagieren und andererseits zeigt eine Untersuchung der Reaktorsicherheitskommission, dass die Mehrheit der Atomkraftwerke in Deutschland nicht ausreichend gegenüber Erdbebengefahren gesichert sind. Ein weiterer und sehr wichtiger Aspekt ist die Möglichkeit der Verunreinigung des Grund- und Oberflächenwassers. Diese Gefährdung reicht weit über die Zeit des aktiven Abbaus hinaus, bei dem es durch Lecks in den Bohrleitungen oder unvorhergesehenen Rissen hin zu Grundwasserquellen zu starken und vor allem irreparablen Verseuchungen führen kann. Da es bisher keine Regelung zur umweltverträglichen Entsorgung des Giftmülls gibt, verbleibt diese riesige Menge an giftigem Schlamm und Wasser nun tief unter der Erdoberfläche, ist jedem Einfluss unsererseits entzogen und könnte jederzeit eine Grundwasserquelle verunreinigen. Das größte Problem daran ist, dass dieses extrem giftige Gemisch nicht einmal durch Klärwerke gereinigt werden kann und somit Unmengen an eigentlich trinkbarem Wasser verschwendet und für immer verloren ist. Dieses unverantwortliche Verhalten bezüglich dem begrenzt vorkommendem Rohstoff Wasser wird uns in Zukunft sehr teuer zu stehen kommen. Selbst jetzt gibt es schon in verschiedensten Teilen von Südamerika, Afrika und Asien eine akute Wasserknappheit. Wieso sollte man also solche Mengen an gutem Trinkwasser, nämlich acht Millionen Liter pro Bohrung, für einen kurz- bis mittelfristigen wirtschaftlichen Erfolg verschwenden? Der treibende Motor dieser selbstzerstörerischen Idee ist offensichtlich der Lobbyismus und die dahinterstehenden Konzerne. Wenn dies nicht der Fall wäre, würde die Politik dem Willen der Zivilgesellschaft und den Naturschutzverbänden entsprechen und ein allgemeines Fracking-Verbot aussprechen, was bisher leider nicht der Fall war und in naher Zukunft auch nicht zu erwarten ist. Zudem besteht die Möglichkeit einer Anreicherung des Grundwassers mit Methan, das durch die künstlich gesprengten, oder bereits vorhandenen natürlichen Risse in den Gesteinsschichten in das Grundwasser aufsteigen kann. In den USA kam es aufgrund dessen bereits zu Explosionen und brennfähigem Leitungswasser. Die weiteren Auswirkungen durch eine Verunreinigung des Grundwassers sind nur schwer abzuschätzen. Die Landwirtschaft beispielsweise wird mit schweren Folgen für die angebauten Nahrungsmittel und die im betroffenen Gebiet lebenden Tiere rechnen können, da Grundwasserquellen die Chemikalien über große

Flächen verteilen und somit einerseits der Boden verunreinigt und andererseits das notwendige Wasser unbrauchbar wird. Ernteausfälle und unfruchtbare Areale wären die Folge. Sollte das giftige Gemisch durch Lecks in Bohrleitungen letztendlich in umliegende Flüsse gelangen sind extreme Folgen für die angrenzende Flora und Fauna zu erwarten, wie es bereits im „Towanda Creek“ in Pennsylvania und vielen anderen Fracking-Standorten in den USA zu beobachten war.

Um dieser Gefahr wenigstens teilweise entgegenwirken zu können, müsste es feste gesetzliche Regelungen zum umweltverträglichen Entsorgen des giftigen Bohrschlamms und Fracking-Fluids geben, sodass er keinesfalls im Bohrloch versiegelt wird und auch in ferner Zukunft keine weiteren Schäden mehr verursachen kann. Die Probleme die während des aktiven Fracking-Vorgangs auftreten könnten, sind auch in Zukunft ein riskantes Spiel mit der Gesundheit der im Gebiet lebenden Menschen, Tiere und Pflanzen. Abschließend muss noch gesagt sein, dass die möglichen volkswirtschaftlichen Folgen und Folgekosten des

Frackings nicht von den Energiekonzernen übernommen werden, sondern letztendlich auf den Schultern der Gemeinden, auf deren Gemarkung gebohrt wurde, und der steuerzahlenden Bevölkerung lasten werden. Für die Konzerne ist dies definitiv nur von Vorteil, denn sie können die Gewinne einstreichen und nach getaner Arbeit das Feld räumen, ohne sich Gedanken über die weiteren Folgen ihres Handelns machen zu müssen.

3.6. Die Situation in Deutschland:

Fracking ist durchaus keine Neuheit auf deutschem Gebiet. Die erste Bohrung ist auf 1961 zu datieren, wobei der Vorgang im Allgemeinen zu teuer, der Gaspreis zu niedrig und somit das Vorhaben nicht rentabel war. Da der Gas- und Ölpreis mittlerweile um ein Vielfaches angestiegen ist, hat sich die Situation geändert. Bis zum heutigen Tag wurden schon insgesamt mehr als 300 Fracks in Deutschland durchgeführt. Verglichen mit den USA, die bisher über eine Million Bohrungen durchgeführt haben, scheint dies wie der berühmte Tropfen auf dem heißen Stein. Die derzeitigen rechtlichen und energiepolitischen

Entwicklungen lassen jedoch vermuten, dass diese relativ kleine Anzahl an Bohrungen schon bald, spätestens 2021 bei erneuter Überprüfung des Gesetzespakets, exponentiell ansteigen wird. So haben schon viele Firmen Fracking-Aktivitäten in Deutschland beantragt. Erschreckend ist zudem, dass z.B. in Nordrhein-Westfahlen über die Hälfte des gesamten Bundeslandes als mögliches Fracking-Gebiet etabliert wurde. Außerdem liegen in manchen Aufsuchungsgebieten für Fracking-Vorhaben Wasserschutzgebiete bzw. Trinkwasserquellen. Selbst Regionen mit starker Tourismusorientierung bleiben nicht sicher. So waren beispielsweise am Bodensee Bohrungen geplant, die lediglich durch den starken Widerstand der anliegenden Bevölkerung und vor allem der verschiedenen Umweltschutzverbände, wie dem BUND oder NABU, vereitelt werden konnten. Durch das Gesetzespaket zum Fracking ist zumindest durch die Umweltverträglichkeitsprüfung und das Verbot in Wasserschutz- und Trinkwasserquellgebieten zu bohren, ein vorerst ausreichender Schutz der Umwelt gewährleistet. Wenn allerdings die Handelsabkommen mit den USA und Kanada in Kraft treten und bis dahin kein gesetzliches und vertragliches Verbot des Frackings besteht, sieht die Zukunft für unsere schöne Tier- und Pflanzenwelt, sowie die Gesundheit vieler Bürger ziemlich düster aus. Durch die unabhängigen Schiedsgerichte werden sich die Konzerne notfalls ihre Claim- und Förderrechte einklagen. Die volkswirtschaftlichen Folgekosten und Gesundheitsschäden darf letztendlich die deutsche Bevölkerung tragen, während die Energiekonzerne riesige Gewinne verbuchen. Doch wie kann man sich gegen eine offensichtlich nicht bürgerorientierte Politik und die milliardenschweren Vorhaben der Energiekonzerne wehren? Man muss jede Möglichkeit nutzen, die Genehmigungsverfahren zu behindern. Dies wird durch die Umweltverträglichkeitsprüfung definitiv möglich sein, da jeder sinnvolle Einwand, ob von Bürger oder Umweltschutzverband in das Verfahren aufgenommen und gegen die wirtschaftlichen Interessen der Konzerne abgewogen wird. Zum einen wird das Verfahren stark in die Länge gezogen und zum anderen besteht durchaus die Möglichkeit das Vorhaben durch die Einwände und vorgebrachten Risiken und Befürchtungen zu verhindern, wie bereits am Bodensee geschehen. Diesem Beispiel sollte man unbedingt folgen und alles tun, um diese Umweltsünde im Keim zu ersticken.

Quellen

https://www.bund.net/service/presse/pressemitteilungen/detail/news/grosse-koalition-verabschiedet-fracking-gesetzespaket-umweltverbaende-erwarten-lokalen-widerstand-b/

https://www.bund.net/service/presse/pressemitteilungen/detail/news/fracking-stoppen-fracking-mythen-aufdecken/

https://www.bund.net/themen/energiewende/fracking/

https://www.bund.net/themen/energiewende/fracking/fragen-und-antworten/

https://www.bund.net/themen/naturschutz/natura-2000/fracking/

https://www.bund.net/service/presse/pressemitteilungen/detail/news/bund-und-duh-fordern-weitreichendes-fracking-verbot-gesetzentwurf-bedroht-naturschutzgebiete/

https://www.bund.net/service/presse/pressemitteilungen/detail/news/fracking-gefaehrdet-boeden-gewaesser-und-ist-klimaschaedlich-bund-fordert-bundesrat-zum-verbot-auf/

http://www.umweltinstitut.org/themen/energie-und-klima/fracking.html

http://www.bund-konstanz.de/themen/fracking-am-bodensee/fracking-in-baden-wuerttemberg/

https://www.nabu.de/umwelt-und-ressourcen/energie/fossile-energien/erdgas/15155.html

http://www.geo.de/natur/oekologie/2906-rtkl-erdgasfoerderung-fracking-das-sollten-sie-wissen

https://www.zentrum-der-gesundheit.de/fracking-chemikalien-ia.html

http://www.klimaretter.info/energie/hintergrund/10375-bulgarien-verbietet-fracking

Exxon Mobil:

http://www.erdgassuche-in-deutschland.de/hydraulic_fracturing/frac_fluessigkeiten/

KOMMUNE UND INFRASTRUKTUR

Laura Kusche, Lina Kohl, Silvia Schmitt

1. STÄDTEBAU

Verfasst von Laura Kusche

1.1. Vorwort

Der Klimawandel und seine Folgen ist ein Thema, das uns immer wieder auch im alltäglichen Leben berührt, sei es bei der Frage, ob man nicht lieber das Fahrrad statt dem Auto nimmt um den Wocheneinkauf zu erledigen, oder bei der Wahl des nächsten Urlaubziels, wenn man sich zwischen Flugzeug, Auto oder Zug entscheiden muss. Die Meisten sehen in der eigenen Verantwortung für den Klimawandel vor allem den Schadstoffausstoß durch Verkehrsmittel; dass viele weitere, ebenfalls beeinflussbare Faktoren eine Rolle spielen, ist Vielen nicht bewusst. Besonders stark sind die Menschen in den Städten von den Auswirkungen des Klimawandels betroffen und werden es verstärkt sein. Denn schon ohne Berücksichtigung des Klimawandels sind die Städte prinzipiell wärmer als ihre unbebaute Umgebung. Verantwortlich dafür sind die sogenannten „Stadteffekte", die für das charakteristische Stadtklima sorgen. Da der Klimawandel diese Effekte verstärkt, muss man sie kennen um ihnen entgegenwirken zu können. Denn die Stadt soll ja auch weiterhin ein lebenswerter Lebensraum bleiben. Im Folgenden werden diese Stadteffekte erläutert und Möglichkeiten aufgezeigt die negativen Folgen in Grenzen zu halten.

1.2. Stadteffekte

1.2.1. Versiegelung

Durch ihre dichte Bebauung sowie die Asphaltierung der Straßen und Bürgersteige ist ein Großteil der Stadtoberfläche versiegelt. Das Niederschlagswasser kann nicht versickern und fließt oberirdisch ab. Um Überschwemmungen zu verhindern wird das Wasser schnellstmöglich in der Kanalisation gesammelt. Das Oberflächenwasser kann daher nicht mehr verdunsten, der Kühleffekt durch die entstehende Verdunstungskälte entfällt.

1.2.2. Vegetation

Aus der Tatsache, dass der Großteil der Stadtoberfläche versiegelt ist, folgt im Umkehrschluss auch, dass es nur einen sehr geringen Anteil an Vegetationsflächen gibt, was negativen Folgen für das Stadtklima mit sich bringt. Schädliche Stoffe aus der Luft werden nur noch geringfügig bis gar nicht mehr gefiltert, die Sauerstoffproduktion durch die Pflanzen sowie die Beschattung vor allem durch Bäume und Sträucher entfällt. Zusätzlich kann weniger Wasser im Boden gespeichert werden. Durch die Verdunstung, über die Vegetation und den unversiegelten Boden, wird Sonnenenergie verbraucht. Ist nur wenig Vegetation vorhanden, die diese Sonnenenergie bindet, heizt die übrige Energie die Stadt auf.

1.2.3. Rauigkeit

Ein weiterer Stadteffekt ist die Reduzierung der Windgeschwindigkeit. Durch die urbane Bebauung wird die Oberfläche bzw. das Profil der Stadt „rau“. Diese Rauigkeit reduziert die Windgeschwindigkeit in der Stadt und kanalisiert sie, der Luftaustausch wird vermindert. Die Zufuhr kühler Luft ist geringer, da die

Städte durch ihre rauen Oberflächen die Ventilation verringern. Abgase und andere Aerosole können nicht abfließen und verbleiben in der Luft. Die heiße Luft kann schlechter an höher liegende Luftschichten ausstrahlen, die nächtliche Abkühlung tritt verzögert und vermindert ein.

1.2.4. Dunstglocke

In den Städten leben viele Menschen auf vergleichsweise engem Raum, wodurch sich das Mikroklima verändert. Wohnen und Wirtschaften bringen eine künstliche Wärmezufuhr mit sich. Durch den städtischen Verkehr und die Industrie gelangen Schadstoffe in die Atmosphäre und können durch die Rauigkeit der Stadtoberfläche nur unzureichend verwirbelt werden. So kann es bei bestimmten Wetterlagen zu einer Lufttrübung über den Städten kommen, die die Ausstrahlung der warmen Luft vermindert und für eine schlechte Luftqualität in den Städten sorgt, auch als „Smog“ bekannt.

Ein Beispiel dafür ist die Stadt Stuttgart. Durch ihre Kessellage und Windarmut zirkuliert die Luft dort schlechter und Schadstoffe wie Feinstaub und

Stickstoffdioxid stauen sich über der Stadt. Das führt nicht nur zur schon beschriebenen Aufwärmung der Städte, sondern stellt auch ein beträchtliches Gesundheitsrisiko für die Bevölkerung dar. So können schon Kohlenstoffmonoxid-Konzentrationen von mehr als 0,01 % zu Kopfschmerzen und Übelkeit führen, höhere Konzentrationen sogar zu Bewusstlosigkeit und Tod durch Sauerstoffmangel. Feinstaubkonzentrationen belasten das Herz-Kreislaufsystem und sind zunehmend mit Krankenhausaufenthalten und Todesfällen wegen Herzkrankheiten verbunden.

1.2.5. Änderung der Strahlungsverhältnisse

Zusätzlich verändern Ziegel-, Beton-, Stein- und Asphaltflächen die Strahlungsverhältnisse. Der verbaute Stein heizt sich schnell auf und speichert die Wärme sehr lang. Durch die Geometrie der Bebauung vergrößert sich die Oberfläche, auf der die Sonnenstrahlung absorbiert wird. Zusätzlich wird der Einfallswinkel der Sonne durch die senkrechten Fassaden direkter. Die gespeicherte Sonnenenergie wird erst nachts wieder an die Umgebung abgegeben. Hinzu kommt, dass in hohen Straßenschluchten die

Abstrahlung der warmen Luft unterbunden wird und Mehrfachreflexionen an den Häuserwänden auftreten. Die Wärmeabgabe wird dadurch zusätzlich extrem verlangsamt.

1.2.6. Zusammenfassung

All diese Effekte führen zu höheren Temperaturen und einer schlechteren Luftqualität in den Städten. Dieses Phänomen wird „städtische Wärmeinsel“ genannt und ist vor allem zur zweiten Tageshälfte und nachts spürbar. Wie stark sich diese Wärmeinsel ausprägt ist abhängig von der baulichen Dichte und Höhe einer Stadt, der Größe der Population, der Absorbtionsfähigkeit der verbauten Fassaden-materialien, sowie dem Versiegelungsgrad des Bodens. So ist es möglich, dass unter bestimmten Bedingungen und zu bestimmten Tageszeiten die Temperatur im Zentrum einer Stadt bis zu 10°C wärmer sein kann als in der Umgebung.

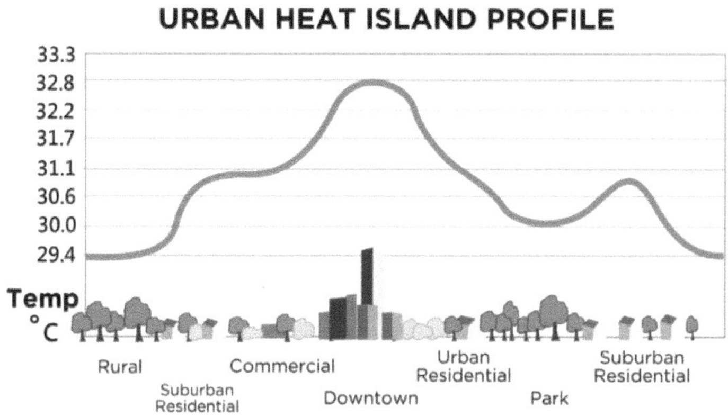

Abbildung 1: Profil einer „städtischen Wärmeinsel";

1.3. Was ändert sich in Zukunft?

Heute ist die Stadtbevölkerung in der Regel gut an die klimatischen Bedingungen mit den genannten Stadteffekten angepasst. Die Stadtplanung sowie die Architektur der Städte berücksichtigen schon seit langem die mikroklimatischen Auswirkungen der baulichen Tätigkeiten. Eine angemessene Temperierung der Gebäude, durch Wärme- oder Kühlsysteme, ist gewährleistet. Zukünftig jedoch werden die Stadteffekte durch die zu erwartende klimatische Entwicklung deutlich an Bedeutung gewinnen und die in den Städten lebenden Menschen wesentlich stärker beeinträchtigen.

1.3.1. Folgen durch den Klimawandel

Die Zunahme von Extremwetterereignissen, wie Hitzewellen oder Hochwasser, sind schon länger beobachtete Auswirkungen des Klimawandels. Vor allem die ältere Bevölkerung kann sich an diese Extreme nur schwer anpassen. So kam es Informationen des Bundesministeriums für Umwelt, Naturschutz, Bau und Reaktorsicherheit zufolge bei der Hitzewelle im Sommer 2003 „zu ca. 7000 zusätzlichen Todesfällen durch direkte hitzebedingte Erkrankungen wie Hitzschlag oder akute Verschlechterungen bestehender Vorerkrankungen, besonders Erkrankungen des Herz-Kreislauf-Systems.“ [1] Durch den Klimawandel wird eine entsprechende Erhöhung der Jahresmitteltemperatur erwartet.

---

[1] Quelle: bmub.bund.de/themen/gesundheit-chemikalien/gesundheit-und-umwelt/klimawandel/extremwetterereignisse/ (Zugriff am 8. Dezember 2016)

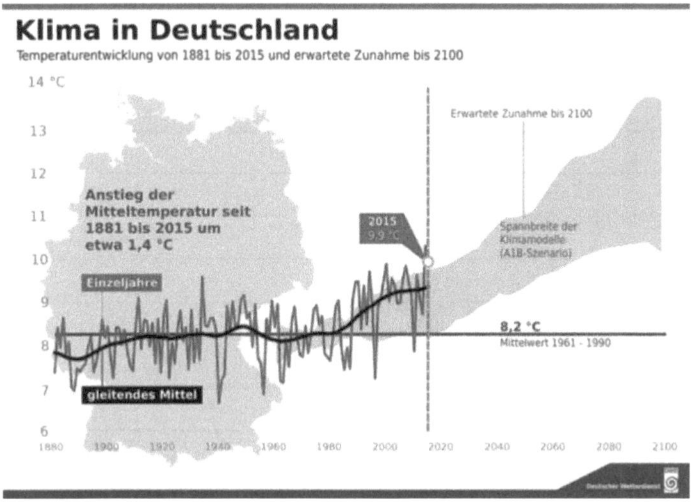

Abbildung 2: Temperaturentwicklung von 1881 bis 2015

Bei Betrachtung der jährlichen Anzahl an Hitzetagen (Tage mit Maximaltemperaturen über 30°C) ist eine noch eindeutigere Entwicklung zu erkennen. Laut Friedrich-Wilhelm Gerstengarbe / Harald Welzer (Hg.) habe es im Zeitraum 1991 bis 2010 jährlich acht solcher Tage in Deutschland gegeben. Durch regionale Unterschiede erführen jedoch beispielsweise Städte wie Freiburg im Breisgau oder Karlsruhe 20 bis 25 Hitzetage im Jahr. Ein Blick in die Zukunft lasse einen drastischen Anstieg dieser Hitzeperioden mit bis zu fünf extrem heißen Tagen mehr pro Sommer in Städten im Osten wie Berlin, Dresden oder Leipzig und bis zu zehn Tagen mehr in südwestdeutschen Städtenvermuten. Zusätzlich verlängerten sich ie Perioden, in denen diese Ereignisse eintreten.

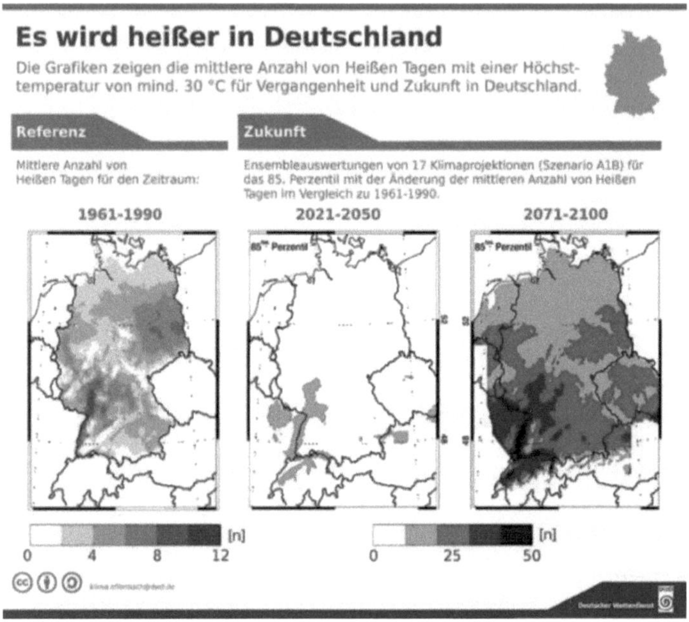

Abbildung 3: Mittlere Anzahl von heißen Tagen in Deutschland (historisch und prognostiziert)

1.3.2. Demographische Entwicklung

Die Altersstruktur in der Bevölkerung ist ein wichtiger Aspekt im Zusammenhang mit dem Klimawandel. Durch die prozentuale sowie tatsächliche Zunahme an alten Menschen in der Bevölkerung steigt der Anteil der durch die extremen Wetterbedingungen gesundheitlich am stärksten gefährdeten Bevölkerungsgruppe. Zum einen wird also die Haupt-Risikogruppe zahlenmäßig größer und zusätzlich erhöht sich deren körperliche Belastung durch den Klimawandel.

1.3.3. Städtewachstum

Zusätzlich zu diesen Entwicklungen beeinflusst auch das generelle Städtewachstum die Auswirkungen auf das Leben in den Städten. Nach Friedrich-Wilhelm Gerstengarbe/ Harald Welzer (Hg.) lebten heute fast drei Viertel der deutschen Bevölkerung in Städten. Dieser Anteil solle in den kommenden 40 Jahren sogar auf über 80 Prozent ansteigen. Zusätzlich nimmt die durchschnittliche Wohnfläche pro Person in Deutschland zu. Laut dem Umweltbundesamt stieg der Wohnflächenbedarf zwischen 2000 und 2014 von

39,5m2 pro Person um sieben Quadratmeter auf 46,5 m^2. [2]

Gründe hierfür sind die zunehmende Anzahl von Singlehaushalten sowie die Tendenz – begünstigt durch die Auswirkungen einer guten Gesundheitsversorgung – auch im hohen Alter im gewohnten Wohnumfeld zu verbleiben. Der ständig wachsende Bedarf an Wohnraum führt zu fortschreitender Erschließung neuer Baugrundstücke und zur Bebauung vormaliger unbebauter Grünflächen. Durch diese fortschreitende Verstädterung sowohl in der Fläche als auch in der Nachverdichtung nimmt der ohnehin schon relativ kleine Anteil an Grünflächen in den Städten weiter ab. Diese Entwicklung verursacht außerdem ein höheres Verkehrsaufkommen, damit verbunden einen erhöhten Schadstoffausstoß, sowie weitere Bodenversiegelung

---

[2] Quelle: umweltbundesamt.de/daten/private-haushalte-konsum/siedlungsflaechenbelegung-fuer-wohnen" \l "textpart-1" (Zugriff am 8. Dezember 2016)

durch den Bau zusätzlicher Verkehrswege – alles in allem eine Verstärkung der Stadteffekte.

1.4. Möglichkeiten der Effektminderung

Die Politik hat die Problematik des Klimawandels erkannt und Anpassungsstrategien entwickelt, wie der Bund, die Länder und die einzelnen Städte auf den Klimawandel reagieren können. Es gibt eine Vielzahl von Möglichkeiten, wie die Städte, aber auch jeder Einzelne selbst, den durch den Klimawandel verstärkten Stadteffekten entgegenwirken können.

Zusätzlich zu den Maßnahmen zur Minderung der Stadteffekte haben auch einige besonders betroffene Städte Warnsysteme entwickelt, um die Stadtbevölkerung vor schon bestehenden problematischen Auswirkungen durch Klimawandel und Stadteffekte zu warnen. So hat zum Beispiel die Stadt Stuttgart ein Feinstaubalarmsystem entwickelt, das die Bevölkerung über Hinweistafeln an der Straße, Verkehrsmeldungen und Mitteilungen in den sozialen Netzwerken vor einem zu hohen Anteil an Schadstoffen in der Luft warnt. Die Bewohner werden angehalten sich an Tagen mit besonders hoher

Feinstaubbelastung nur in Fahrgemeinschaften fortzubewegen oder den öffentlichen Nahverkehr zu nutzen. Auch sollten sogenannte Komfortkamine, die nur als zusätzliche Wärmequelle dienen, nicht in Betrieb genommen werden, bis die Belastung unter den Grenzwert gesunken ist. Langfristig soll ein Umdenken in der Bevölkerung stattfinden, eine generelle Hinwendung zu umweltbewusstem Handeln, und sei es nur, das Auto auch an Tagen stehen zu lassen, an denen die Feinstaubbelastung im grünen Bereich ist.

Weitere Ideen und Maßnahmen, was die Stadtverwaltungen und auch jeder einzelne Bürger zu einer Verminderung der durch den Klimawandel zukünftig verstärkt auftretenden Stadteffekte bewirken können, werden im Folgenden erläutert.

1.4.1. Jeder Einzelne

Allen voran gilt es, auf die körperliche Gesundheit zu achten und sich vor kommenden Hitzeperioden zu wappnen. Daher ist es wichtig, Maßnahmen zu treffen, um die Hitze zu bewältigen und die Belastung zu lindern. Viel Wasser zu trinken und direkte Sonne zu meiden sind die wichtigsten Faktoren. Aber auch tageszeitlich sinnvolles Lüften und rechtzeitiges Verdunkeln der Zimmer führen zu einer direkt erlebten Besserung des Allgemeinzustands. Zusätzlich sollten körperlichen Anstrengungen vermieden und für Abkühlung gesorgt werden.

Zusätzlich kann den durch den Klimawandel verstärkten Stadteffekten durch Anpflanzungen entgegengewirkt werden. Die Begrünung der Dachflächen der städtischen Häuser beispielsweise kann die klimatischen Bedingungen im direkten Wohnumfeld positiv beeinflussen. So wird vor allem im Sommer die kurzwellige Einstrahlung an der Gebäudeoberfläche reduziert, da die Vegetation einen Großteil der Strahlung absorbiert. Hinzu kommt die Verdunstungskälte, die bei der Wasserverdunstung entsteht. Somit sind dort an Hitzetagen spürbar erträglichere Bedingungen vorzufinden als an Orten mit wenig Vegetation. Dabei muss allerdings auf die Tragfähigkeit und Konstruktion des Daches Rücksicht genommen werden. Eine Fassadenbegrünung kann jeder Einzelne einfach realisieren und bringt so, ebenso wie mit der Dachbegrünung, neben klimatischen Vorteilen auch schöne Akzente in die graue Stadtarchitektur.

Auch beim Bau neuer privater Gebäude kann jeder Einzelne darauf achten, Materialien zu verwenden, die die Stadteffekte nicht weiter verstärken. So ist es sinnvoll, besonders helle Materialen zu verwenden. Diese nehmen nicht so viel Sonnenenergie auf und weisen in der Folge eine geringere Bauteiltemperatur auf. Das verringert die Umgebungstemperatur, was wiederum zu einem geringeren Kühlenergiebedarf und damit auch zu einer geringeren künstlichen Wärmezufuhr durch den Einsatz von Klimaanlagen führt. Dadurch, dass tagsüber weniger Sonnenenergie in den Gebäuden gespeichert wird, kann nachts weniger Wärme wieder an die Umgebung abgegeben werden und die Gebäude und ihre Umgebung kühlen schneller ab.

1.4.2. Verwaltung

Auch die Städte sind in der Pflicht, Maßnahmen zu treffen, um die Stadteffekte zu mindern. Auf zwei dieser Maßnahmen will ich nun genauer eingehen.

1.4.2.1. Freiflächen mit Vegetation

Wie schon erläutert bietet das Vorhandensein von Grünflächen eine Vielzahl an positiven Effekten. Zum einen verbrauchen Pflanzen Kohlenstoffdioxid und erzeugen Sauerstoff. Sie filtern Staub und gasförmige Luftverunreinigungen aus der Atmosphäre und sorgen so für eine höhere Luftqualität und verringern damit die Gefahren daraus resultierender gesundheitlicher Schäden. Zudem sorgen vor allem Bäume und Sträucher für Schatten und verringern das Aufheizen von versiegelten Flächen. Zusätzlich speichern die Pflanzen viel Wasser und sorgen für eine kontrollierte Verdunstung, wodurch Sonnenenergie verbraucht und nicht in Baumaterialien gespeichert wird. Dadurch ist die Luft in Bereichen hoher Vegetationsdichte kühler und angenehmer.

Aus diesem Grund ist es wichtig, dass die Verwaltung durch entsprechende Steuerungsmaßnahmen für einen möglichst hohen Prozentsatz an Vegetationsflächen sorgt bzw. auf deren Erhalt achtet. Mehr Freiflächen mit Parks oder Spielplätzen sorgen nicht nur für bessere Luft, sondern haben darüber hinaus einen Einfluss auf die körperliche und geistige Gesundheit der Stadtbevölkerung. Zusätzlich können durch Asphalt großzügig versiegelte Flächen zu Gunsten von Grünflächen aufgebrochen werden und asphaltierte Parkplätze in Wohngebieten durch einen Untergrund ersetzt werden, der Wasser aufnehmen und verdunsten lassen kann. Auch die Verwendung von Rasengleisen hat nicht nur einen schönen optischen Effekt sondern fördert auch die Aufnahme und Verdunstung des Niederschlagswassers und stellt so einen Kühleffekt dar.

1.4.2.2. Luftschneisen

Da jedoch nur in direkter Nähe zu Grünflächen ein solcher sog. Oaseneffekt auftritt, muss dafür gesorgt werden, dass von diesem Flächen aus möglichst ungehindert Luftströme in die anliegende Bebauung gelangen können. Solche Luftschneisen sorgen für eine Frisch- und Kaltluftzufuhr in die mit Schadstoffen und wärmerer Luft stärker belastete Umgebung. Jedoch haben auch größere Vegetationsflächen keine Fernwirkung, wenn diese Grünflächen nicht gut miteinander vernetzt sind. Die Zufuhr von frischer und kühlerer Luft aus der Umgebung der Städte in die Städte hinein muss gewährleistet sein. Dafür ist darauf zu achten, in diese Kaltluftschneisen keine Hindernisse zu bauen, die den Luftstrom stören und verlangsamen können. Experten rechnen sogar damit, dass unter Umständen in Zukunft Gebäude abgerissen werden müssen, um den Kaltluftzufluss zu gewährleisten. Ein gutes Beispiel für solche Kaltluftschneisen ist die Stadt Freiburg.

Abbildung 4: Frischluftschneisen am Beispiel Stadt Freiburg

Hier ist deutlich zu sehen, wie sich große Grünflächenbereiche weit in die Stadt ziehen. Die bebauten Gebiete der Stadt strecken sich wie Finger in die Landschaft. Dadurch wird eine Frisch- und Kaltluftzufuhr bis weit in die inneren Stadtbezirke hinein ermöglicht.

1.5. Fazit

Es gibt eine Vielzahl von Herangehensweisen, wie den zukünftig verstärkt auftretenden Stadteffekten wirkungsmindernd begegnet werden kann, um den Stadtbewohnern und vor allem der älteren Bevölkerung vor einer zu hohen Belastung durch innerstädtischen Temperaturanstieg zu bewahren. Hier wurden die wichtigsten angesprochen. Jeder einzelne Bürger und auch die Stadtverwaltungen, Architekten, Städteplaner und Gesundheitspolitiker sind gefordert, sich daran steuernd, gestaltend und beratend zu beteiligen. Alle diese Maßnahmen aber bekämpfen nur Symptome. Der Klimawandel ist ein globales Problem und es ist die Aufgabe und Verantwortung der Weltgemeinschaft, die internationalen Vereinbarungen mit dem Ziel, die durchschnittliche Erwärmung auf 1,5 Grad zu begrenzen, auch umzusetzen.

Quellen

Literatur:

„Zwei Grad mehr in Deutschland: Wie der Klimawandel unseren Alltag verändern wird“

FISCHER Taschenbuch – 2. Auflage Juni 2013

Friedrich-Wilhelm Gerstengarbe/ Harald Welzer (Hg.)

Kapitel 6: Stadt und Land(wirtschaft) im Klimawandel (ab Seite 189)

Stadtgeographie

Georg Westermann Verlag

4. verb. Aufl. 1980

Prof. Dr. Burkhard Hofmeister

http://www.staedtetag.de/dst/inter/presse/mitteilungen/060788/index.html (Zugriff am 6.12.16)

https://de.wikipedia.org/wiki/Stadtklima#Klimafaktoren (Zugriff am 10.11.16)

http://www.scinexx.de/dossier-detail-680-6.html (Zugriff am 1.12.16) http://www.eskp.de/subjektive-hitzebelastung-im-alltag/ (Zugriff am 9.11.16)

https://www.stuttgart.de/feinstaubalarm/ (Zugriff am 3.11.16)

https://de.wikipedia.org/wiki/Smog#Wirkung_von_Smog_auf_den_Menschen (Zugriff am 3.11.16)

http://www.bmub.bund.de/themen/gesundheit-chemikalien/gesundheit-und-umwelt/klimawandel/extremwetterereignisse/ (Zugriff am 8.12.16)

http://www.wetterklima.de/flug/soaring/Dependence.htm (Zugriff am 9.11.16)

http://www.umweltbundesamt.de/daten/private-haushalte-konsum/siedlungsflaechenbelegung-fuer-wohnen#textpart-1 (Zugriff am 8.12.16)

https://www.lubw.baden-wuerttemberg.de/klimawandel-und-anpassung (Zugriff am 9.11.16)

https://de.wikipedia.org/wiki/Rasengleis (Zugriff am 9.11.16)

Abbildung 1, Seite 3:
https://de.wikipedia.org/wiki/Stadtklima#/media/File:Urban_heat_island_(Celsius).png (Zugriff am 8.12.16)

Abbildung 2, Seite 4:
http://www.dwd.de/DE/klimaumwelt/klimawandel/_functions/aktuellemeldungen/bilder/160308_DWD_KlimaPK_2016_Lufttemperatur_D.png?__blob=poster&v=2 (Zugriff am 8.12.16)

Abbildung 3, Seite 4:
http://www.dwd.de/DE/presse/pressemitteilungen/DE/bilder/20151124_abbildung1_becker.jpg?__blob=poster&v=2 (Zugriff am 8.12.16)

Abbildung 4, Seite 8:

http://freiburg-lebenswert.de/staedtebau-und-klimaerwaermung/ (Zugriff am 1.12.16)

2. STROMAUSFALL

Verfasst von Lina Kohl

Die politischen und klimatischen Bedingungen, die wir derzeit auf der ganzen Welt vorfinden, haben für uns als Land, als Gemeinde und am Ende der Kette für jeden einzelnen Bürger Folgen, die wir nicht abschätzen können. Stromausfall ist in diesem Fall ein Problem mit dem wir uns intensiv beschäftigen müssen. Heutzutage benötigen wir in fast allen Situationen Strom. In vielen Bereichen ist es für uns sofort ersichtlich, dass wir Strom verbrauchen, z.B. wenn wir unser Handy aufladen, aber auch, wenn das Wasser aus dem Hahn kommt, wird dafür Strom benötigt. Der Alltag im 21. Jahrhundert ist vollkommen auf Strom angewiesen. Umso wichtiger ist es, sich für einen möglichen Ausfall vorzubereiten und aufzuklären, was mögliche Folgen sein könnten.

Dies versuchen wir Ihnen auf den nächsten Seiten kurz und verständlich anhand der Kommunen und im eigenen Haushalt zu erläutern.

2.1. Ursachen des Stromausfalls

Ursachen von Stromausfall können ganz unterschiedlicher Natur sein (siehe Tabelle). Die Folgen sind dann meist Störungen oder Totalausfall in den Netzen. Dies führt dazu, dass die Weiterleitung des Stroms in unsere Haushalte unterbrochen wird, wodurch es zu Stromausfällen kommt.

Elektrischer Strom wird in Kraftwerken aus unterschiedlichen Energieträgern (Atomkraft, Wasserkraft, Windkraft, Solarenergie etc.) erzeugt und anschließend über die verschiedenen Netzebenen (Übertragungsnetz, Verteilernetz, Ortsnetz) bis hin zum Verbraucher (Steckdose) verteilt.

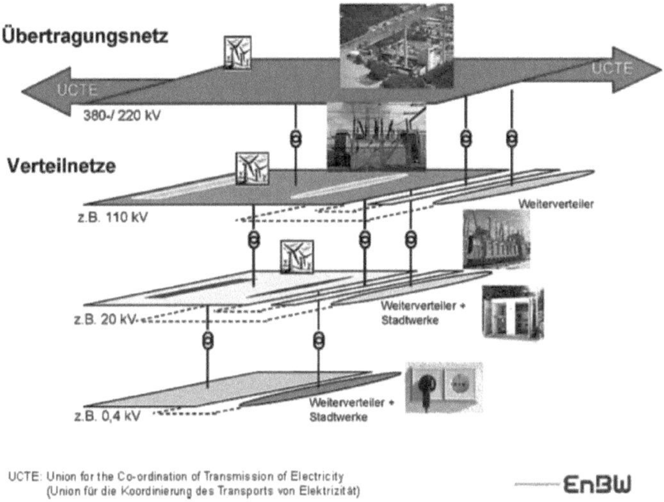

Abbildung 9: Elektrizitätsversorgungssystem

Das Stromnetz ist zudem ein hoch sensibles Netz, das nur geringe Schwankungen aushält, ansonsten kommt es zu einem Kurzschluss. Da heute der Strom über den Tag verteilt und auch länderübergreifend unterschiedlich viel produziert wird, muss das Stromnetz immer ausgeglichen werden. Dafür sorgen die leittechnischen Systeme mit denen die Stromproduktion und Verteilung überwacht und gesteuert werden. Da das Stromnetz so sensibel ist, kommt es bei einem Stromausfall auch häufig zu Kettenreaktionen, da das Netz die Stromschwankungen nicht rechtzeitig ausgleichen kann.

In der folgenden Tabelle wird dargestellt, was für mögliche Ursachen es geben kann, wie sie sich ausprägen können und wie wahrscheinlich es ist, dass diese auch in Zukunft eintreten werden.

Ursachen	**Ausprägung**	**Eintrittswahrscheinlichkeit**
Naturkatastrophen und extreme Wetterereignisse	Sturm, Gewitter, Hochwasser, Erdbeben, Schnee-/Eislast, Waldbrände	Unterschiedlich hoch, tendenziell zunehmend
Technisches und menschliches Versagen	Störungen der Funktionsfähigkeit durch Alterung, Konstruktionsfehler, mangelhafte Wartung,	Tendenziell zunehmend wegen erhöhter Komplexität der technischen Systeme

	Fehlhandlungen	
Vorsätzliche Handlungen	Terroristischer Angriff, Erpressung, Sabotage	unter anderem abhängig von der gesellschaftspolitischen Lage
Netzüberlastungen und Störungen der Systembilanz	Instabilität von Frequenz bzw. Spannung in Folge schutztechnischer Abschaltung von Betriebsmitteln möglich	Tendenziell zunehmend wegen erhöhter Lastflüsse im liberalisierten Energiemarkt

Tabelle 1 Ursachen

Ereignisse wie der europaweite Stromausfall nach der Abschaltung einer Stromleitung über die Ems im Jahr 2005 oder der Stromausfall im Münsterland (verursacht durch erhebliche Schneefälle) auch im Jahr 2005 zeigen, dass Strom nicht immer ohne Unterbrechung zur Verfügung steht. Ausfälle dieser Art können unsere Tagesabläufe beeinträchtigen oder auch massive Versorgungsengpässe hervorrufen.

2.1.1. Vorbeugende Maßnahmen und Folgen von Stromausfall

Aus den oben genannten Gründen wurde es unumgänglich, dass die Regierung und die Kommunen Konzepte entwickeln, die sich mit dem Problem „Stromausfall“ beschäftigen. Hierfür ist das Bundesamt für Bevölkerungsschutz und Katastrophenhilfe (BBK) zuständig. Es erstellt Schutzkonzepte, um Stromausfälle zu vermeiden oder zumindest die Auswirkungen zu reduzieren. Diese erstellt es in Zusammenarbeit mit Betreibern kritischer Infrastrukturen, mit Verbänden und weiteren Behörden.

Notfallplanungen müssen geübt werden, um Erkenntnisse zu erlangen wo es zu kritischen Situationen kommen kann. Daher hat das BBK bereits im Jahre 2004 eine Stabsrahmenübung geplant und durchgeführt, die einen weiträumigen Stromausfall in Süddeutschland simuliert hat. Neben dem Bund und vielen Bundesländern haben auch Betreiber kritischer Infrastrukturen an dieser Übung teilgenommen.

Insbesondere bei der LÜKEX 2004, der länderübergreifenden Krisenmanagementübung, der ein ebensolches Bild eines Stromausfalls, verbunden mit winterlichen Wetterbedingungen zugrunde lag, konnten zahlreiche Erkenntnisse gewonnen werden, die in die weiteren vorbeugenden Planungen eines Stromausfalls mit einfließen. Denn ein Stromausfall hat weitaus größere Folgen, als man vielleicht zuerst vermuten würde. In dieser Grafik sieht man sehr deutlich, wie umfangreich die Auswirkungen eines Stromausfalls auf die ganze Infrastruktur eines Landes, einer Kommune und auch einer Gemeinde sein können.

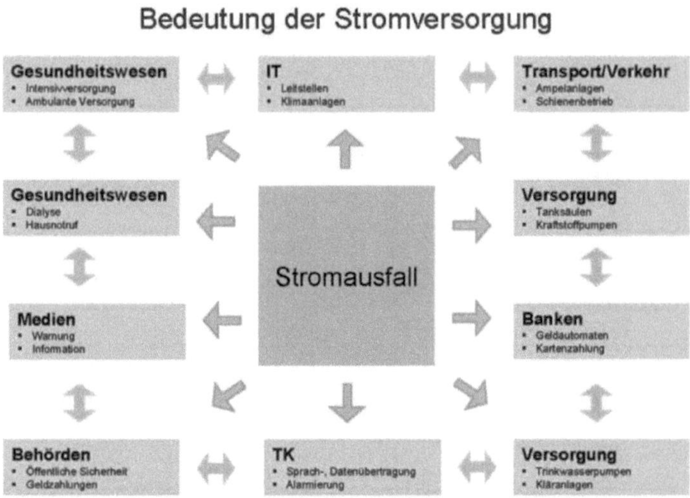

Abbildung 10 Folgen eines Stromausfalls

Stark betroffen sind die Information und Kommunikation, da man über keine Medien mehr verfügt. Im Notfall funktioniert nur noch ein batteriebetriebenes Radio (Autoradio). Der Verlust der Kommunikation stellt auch die Einsatz- und Hilfskräfte unter enorme Herausforderungen.

Weiter geht es mit dem Verkehr. Die Autos können noch so lange fahren wie der Tank voll ist und sie nicht in einen Unfall verwickelt werden (Ampeln funktionieren nicht mehr). Der Schienenverkehr bricht sofort zusammen und die Menschen müssen aus Zügen und U-Bahnen geborgen werden.

Das wichtigste Gut des Menschen, das Wasser und auch das Abwasser, werden zu einem großen Problem. Die Wasserwerke sind meist mit großen Notstromaggregaten ausgestattet und können die Versorgung lange sicherstellen. Das Problem hierbei ist, dass die Mehrheit der deutschen Haushalte keine Notstromversorgung zur Verfügung hat und somit das Wasser (im Notfall) nicht in ihre Leitungen gepumpt werden kann. Das gilt für das Frischwasser, das aus dem Wasserhahn kommen soll, sowie für das Schmutzwasser in der Toilette, das nicht mehr abfließt. Folgen daraus sind große hygienische Probleme.

Im Gesundheitswesen wird es auch zu katastrophalen Folgen kommen. Die Zahl der Verletzten wird rapide steigen, und die Versorgung der Langzeitpatienten wird sich als schwierig gestalten. Krankenhäuser und Pflegeheime haben Notstromversorgung. Sollte es aber zu einem langen Stromausfall kommen, müssten in diesem Bereich schwere Entscheidungen getroffen werden. Wem helfen wir und wen müssen wir abweisen?

Die Bevölkerung untereinander wird sich zunächst sehr hilfsbereit gegenüberstehen. Umso länger der Zustand des Stromverlustes (Plus der Mangel an Information) andauern wird, desto häufiger wird es zu Ausschreitungen und Plünderungen kommen.

2.1.2. Maßnahmen der Kommunen

Um diesen ganzen Folgen so gut wie möglich entgegen wirken zu können, bedarf es einer umfangreichen Vorbereitung auf alle möglichen Situationen, die im Notfall auf die Kommunen zukommen können.

Die beste Vorbereitung ist die enge Zusammenarbeit mit dem BBK und das Erstellen eines Notfallplans. Dieser fällt je nach Infrastruktur und Lage der Kommune unterschiedlich aus. In diesem Plan sollte festgelegt werden, wie der notwendige Krisenstab aufgebaut ist und welche Mitarbeiter im Notfall für welche Aufgaben verantwortlich sind. Wie die eigene Versorgung mit Strom im Falle eines Ausfalls gewährleistet werden kann, muss zudem auch festgelegt werden.

Ein weiterer wichtiger Punkt ist die reibungslose Zusammenarbeit und Kommunikation zwischen den Mitarbeitern in der Leitung des Krisenstabs und der Einsatzleitung (Polizei, Feuerwehr, THW, DRK, Bundeswehr etc.).

Um dies in einem Ernstfall gut zu bewältigen, sollten Simulationen durchgeführt werden. Durch die Erkenntnisse, die man dadurch erlangt, können Schwachstellen aufgedeckt und im Weiteren beseitigt werden.

Diese ganzen Maßnahmen beanspruchen sehr viel Zeit und bringen hohe Kosten mit sich. Aber in einer Zeit in der wir mehr und mehr im Privaten, wie auch im Beruflichen von einer intakten Stromversorgung abhängig sind, ist es unumgänglich in diese Kosten zu investieren.

2.2. Konsequenzen eines Stromausfalls für den privaten Haushalt

Heute sind alle Industrieländer von Strom abhängig. Dieser kann durch verschiedene Energiequellen erzeugt werden, wird aber immer über die jeweiligen Verteilernetze in den privaten Haushalt geliefert: Somit sind alle Energiequellen davon betroffen. Stromausfälle gehören zu den Ausnahmen und können im Normalfall schnellstmöglich behoben werden. Dennoch haben die meisten Haushalte schon einmal Erfahrungen mit einem Stromausfall gemacht. Meist hat es einen Anflug von Abenteuer, wenn es bei wenigen Stunden bleibt. So können Anlagen des Stromnetzes zum Beispiel bei Tiefbauarbeiten oder Verkehrsunfällen beschädigt werden. Dauert er nur wenige Minuten bis der Schaden behoben ist, so ist dieser Zwischenfall sicherlich ärgerlich, bleibt aber normalerweise ohne ernstere Folgen.

Doch trotz aller Vorsorgemaßnahmen gibt es Situationen, in denen die Stromversorgung über Stunden oder Tage unterbrochen werden kann. In diesen Fällen ist eine gut vorbereitete Bevölkerung das

A und O. Der plötzliche Wintereinbruch Ende des Jahres 2005 zeigte, dass es auch Ereignisse geben kann, welche die Infrastrukturen der Stromnetzbetreiber erheblich zerstören oder stark beeinträchtigen können. Die Schäden und die erforderlichen Reparaturen hatten damals Stromausfälle von mehreren Tagen zur Folge. Werden aufgrund von schnell fließenden Hochwassern, wie sie in Mittel- und Hochgebirgen vorkommen können, Stromnetzinfrastrukturen zerstört, so kann es Tage oder Wochen dauern, bis der elektrische Strom wieder verfügbar ist.

Ein Stromausfall kann tiefgreifende Folgen haben, die weit darüber hinausgehen, dass man in der Nacht kein Licht verfügbar hat. Jedes netzbetriebene Gerät ist davon betroffen.

Hierzu gehören Radiowecker, Warmwasserbereiter, Kaffeemaschine, Licht, elektrischer Herd, Telefon, Computer, Aufzüge, Geldautomaten, um nur einige zu nennen. Selbst Heizungen sind vielfach von der Stromversorgung abhängig. Auch die Ölheizung, denn der Transport des Öls vom Tank zum Brenner, seine Einspritzung und Zündung, funktionieren mittels

Strom. Auf eine Heizung kann man in unseren Breitengraden gewöhnlich für eine gewisse Zeit verzichten, doch als besonderes Risiko kann sich der Ausfall unserer Kommunikationsmedien erweisen.

Das Telefon, die Fernsehgeräte, der Computer für den Internetzugang und die im Haushalt verfügbaren Radiogeräte können bei einem Stromausfall nicht betrieben werden. Diese Geräte laufen in den meisten Haushalten über den Internet-Router und fallen bei einem Stromausfall sofort aus. Kühl- und Gefrierschränke tauen ab, und die darin gelagerten Lebensmittel verderben in kurzer Zeit. Mit einigen Stunden Verzögerung wird das Telefon-Festnetz nicht mehr zur Verfügung stehen, wenn es nicht über das Internet läuft (sonst sofort). Die Mobilfunknetze sind nur kurze Zeit notstromversorgt. Darüber hinaus zeigt die Erfahrung, dass die Mobilfunknetze bei außergewöhnlichen Ereignissen schnell überlastet sind, da es oftmals zu Panikanrufen kommt. Im Bereich der häuslichen Pflege fallen Hilfsgeräte aus, die möglicherweise lebenswichtig sind. Dienstleistungen wie z.B. der Hausnotruf können gestört werden.

2.2.1. Welche Vorbereitungen kann man treffen, um die Auswirkungen im privaten Haushalt zu reduzieren?

Hier sollte man unterscheiden, welche Maßnahmen vor, während und nach einem Stromausfall hilfreich sein können. Den Vorbereitungen kommt sicher eine besondere Bedeutung zu, da sie das Ausmaß der Beeinträchtigungen mindern können.

VOR einem Stromausfall:

Um die Auswirkungen eines solchen Ereignisses zu reduzieren und die Hilfskräfte zu entlasten, sollte sich jeder Haushalt so vorbereiten, dass er einige Tage ohne Hilfe auskommt. Man sollte sich ausreichende Vorräte an Trinkwasser, Lebensmitteln und ggf. Babynahrung sowie Hygieneartikel anlegen (siehe auch S. 213). Auch Kerzen, Taschen- oder Campinglampen (mit den erforderlichen Batterien und Gaskartuschen!) können im Ernstfall dafür sorgen, dass Sie sich zu Hause, auch nach Einbruch der Dunkelheit, noch sicher orientieren können.

Für den Ausfall der Heizung kann man sich in unseren Breiten für gewisse Zeit mit warmer Winterkleidung aushelfen. Sehr wichtig ist, ein batteriebetriebenes

Radio oder auch ein Rundfunkgerät im Auto zu besitzen, da Sie darüber Informationen des behördlichen Krisenstabes und der Stromversorger erhalten.

Wenn Dienstleistungen, wie z.B. Pflegedienste genutzt werden, sollte man sich informieren, ob und wie diese Tätigkeiten bei einem längerfristigen Stromausfall aufrechterhalten werden. Notfalls sollten Vorkehrungen getroffen werden, wie pflegebedürftige Angehörige betreut werden können.

Bei der Gemeinde-/ Stadtverwaltung kann man sich informieren auf welche Weise während eines längerfristigen Stromausfalls Informationen an die Bürger weitergegeben werden, welche Hilfsangebote vorgesehen sind und wo an welchem Standort Notfallmeldungen abgesetzt werden können.

Löschmittel sollten immer bereit gestellt sein, zum Beispiel Feuerlöscher, Wasserschlauch, Löschdecke usw.

Hinweis zu Notstromaggregaten

Mit einem eigenen kleinen Notstromgerät können z.B. Wasserkocher, Kabellampen, Heizlüfter, usw. betrieben werden. Trotz dieser Vorteile ist einiges zu beachten, wenn man sich ein Notstromaggregat zulegt. Der Standort des Stromaggregates ist richtig zu wählen. Aufgrund der giftigen Abgase des Verbrennungsmotors muss das Stromaggregat im Freien stehen. Für die Kabelführung, müssen die Türen oder Fester offen gehalten werden, was im Winter zum Auskühlen der Wohnung führen kann. Je nach Wohnsituation kann es auch zu erheblichen Lärmbelästigungen führen. Empfindliche elektronische Geräte wie z.B. Steuerungsanlagen und Computer können, je nach Ausführung des Stromaggregates, Schaden nehmen. Beim Anschluss eines eigenen Notstromaggregates an das Hausnetz ist äußerste Vorsicht geboten. Der Anschluss hierfür darf nur von einer Elektrofachkraft eingerichtet werden und muss gegebenenfalls vom Stromnetzbetreiber genehmigt werden.

WÄHREND eines Stromausfalls:

Sobald es zu einem Stromausfall kommt, sollten alle Geräte die Strom benötigen ausgesteckt werden, auch wenn sie zu diesem Zeitpunkt keinen Strom haben. Eine Ausnahme ist hier das Radio (für Information) oder eine Lampe. Bleiben die Geräte alle eingeschaltet, kann dies zu einem erneuten Zusammenbruch der Stromversorgung führen, wenn diese wieder aufgenommen wird, da das Netz dann überlastet sein kann. Wenn das „Stromkontrollgerät" wieder funktioniert, können die Stromabnehmer nacheinander wieder eingeschaltet werden.

Sofern das Telefon in Betrieb ist, sollte das Telefonieren auf das Nötigste beschränkt werden. Die Notrufnummern von Polizei (110) und Feuerwehr (112) dienen ausschließlich der Meldung von Notfällen. Die Betroffenheit von einem Stromausfall an sich ist kein Notfall! Bei vergangenen Stromausfällen wurden die Notrufnummern häufig zu Auskunftszwecken angewählt, was zu einer Überlastung des Notrufs und in Einzelfällen zu Verzögerungen bei der Entgegennahme realer Notfälle führte. Bei länger anhaltenden Stromausfällen werden die Feuerwehren der betroffenen Gemeinden über die Rettungsleitstellen alarmiert und besetzen die Gerätehäuser, die über Funk und Notstrom verfügen. Innerhalb der Kommunen werden Anlaufstellen eingerichtet, an die sich der Bürger im Notfall wenden und ärztliche Hilfe anfordern kann.

Erhöhtes Brandrisiko bei Stromausfall:

Da bei Stromausfall oftmals auf Heiz- und Lichtquellen, Kerzen und dergleichen zurück gegriffen wird, besteht ein erhöhtes Brandrisiko bei unsachgemäßem Umgang mit diesen Geräten oder wenn diese unbeaufsichtigt bleiben. Hier bietet der batteriebetriebene Rauchmelder eine gewisse Sicherheit.

Bei der vorsorglichen Beschaffung von gasbetriebenen Heizquellen sollten immer darauf geachtet werden, dass Sicherheitsvorkehrungen, wie z.B. eine Sauerstoffmangelsicherung, bei dem Gerät vorliegen. Wenn offene Flammen in Innenräumen, wie z.B. Kerzen und Gasflammen verwendet werden, muss auf ausreichende Lüftung geachtet werden.

NACH einem Stromausfall:

Nach einem Stromausfall sollten die Geräte nur nacheinander wieder einschaltet werden und zunächst nur diese, die unbedingt erforderlich sind. Lebensmittel, die im Kühlschrank oder der Tiefkühltruhe gelagert wurden, könnten ungenießbar geworden sein und sollten überprüft werden. Auch zu beachten ist, dass ein Stromausfall die Einstellungen von elektrischen Geräten beeinflusst haben kann.

Da der Vorrat, den man für Notfälle zugelegt hat sehr wahrscheinlich aufgebraucht ist, sollte dieser bei nächster Gelegenheit wieder aufgefüllt werden.

Wichtig ist noch zu sagen, dass man nicht damit rechnen kann, dass nach einem längeren Stromausfall alles wieder normal abläuft. Auch wenn in den eigenen vier Wänden wieder Strom vorhanden ist, muss damit gerechnet werden, dass die öffentliche Infrastruktur sehr geschädigt sein wird und nicht sofort reibungslos funktionieren kann. Durch zahlreiche Unfälle und Brände wird der Verkehr nur zaghaft wieder zum Laufen kommen. Je nachdem wie lange der Stromausfall andauerte, werden auch die großen

Supermärkte Probleme mit der Kühlung gehabt haben und es somit auch bei der Essenswiederbeschaffung seine Zeit dauern.

2.3. Fazit

Fakt ist, dass wir uns nicht 100 % vor einem Stromausfall schützen können und umso wichtiger ist es, sich gut für einen möglichen Stromausfall vorzubereiten. Hierbei ist nochmals zu sagen, dass die Vorkehrungen die das BBK, die Kommunen und auch die Landratsämter treffen, enorm wichtig sind, um einen kurzen, wie auch einen länger andauernden Stromausfall gut bewältigen zu können. Sie werden aber dennoch alleine nicht ausreichen. Umso besser jeder private Haushalt vorbereitet ist und mit so einer schwierigen Situation umgehen kann, desto angenehmer lassen sich die Stunden oder Tage ohne Strom aushalten.

Quellen

Bundesamt für Bevölkerungsschutz und Katastrophenhilfe:

http://www.bbk.bund.de/DE/TopThema/TT_2010/Stromausfall-und-Auswirkungen.html , abgerufen am 11.12.2016

http://www.bbk.bund.de/DE/TopThema/TT_2010/Stromausfall_Auswirk_priv-Haushalt.html , abgerufen am 11.12.2016

http://www.energie-fakten.de/html/black-out.html , abgerufen am 11.12.2016

Powerpoint: Effiziente Arbeit von Krisenstäben: Schneechaos und Stromnotstand im Kreis Steinfurt vom 15.11.2005 – 03.12.2005

Marc Elsberg: Blackout- morgen ist es zu spät. Blanvalet, München 2012

Abbildung 1:

Elektrizitätsversorgungssystem Quelle: EnBW, abgerufen am 12.12.2016

Abbildung 2:

http://www.bbk.bund.de/SharedDocs/Bilder/BBK/DE/Bilder_aktuelle_Meldungen/2010/Bedeutung_Stromversorgung.j pg;jsessionid=3A431BBA144FB230F9DF40D86CAB66F1.2_cid330?__blob=poster&v=1 abgerufen am 11.12.2016

Tabelle 1:

http://www.bbk.bund.de/DE/TopThema/TT_2010/Stromausfall-und-Auswirkungen.html , abgerufen am 12.12.2016

3. HOCHWASSERSCHUTZ

Verfasst von Silvia Schmitt

3.1. Vorwort

In den letzten Jahren stellten vor allem die vermehrt auftretenden Starkniederschläge, die langanhaltenden Niederschläge sowie die Schneeschmelzen und die daraus resultierenden Hochwasser ein Problem für die hiesige Bevölkerung dar. Zwar haben die Hochwasser einen natürlichen Ursprung, doch trägt auch der Mensch einen bedeutenden Beitrag zu diesem Naturereignis bei. Auf unterschiedliche Weise wurde in den Wasserverlauf eingegriffen und das Erscheinungsbild vieler Gewässer dauerhaft verändert. So verschwanden nach und nach die natürlichen Überschwemmungsflächen und Siedlungsgebiete entstanden. Weiterhin wurden durch den Bau von Dämmen oder durch Flussausbaumaßnahmen die Überschwemmungsflächen verkleinert. Zum Teil sind diese sogar vollständig verschwunden. Durch die Begradigung der Flüsse fließen Hochwasser mit einer deutlich höheren Geschwindigkeit und mit einem größeren

Wasservolumen ab. Damit steigt gleichzeitig die Gefahr von Schäden.

Neben der Art der Bodennutzung, der Vegetation, der Flächenversiegelung und der Entwässerungsanlagen wirkt sich auch der Klimawandel auf die Hochwasserwahrscheinlichkeit aus. Auf Grund der Tatsache, dass der Mensch immer mehr klimaschädliches CO2 produziert, erhöht sich die globale Temperatur, was wiederum dazu führt, dass der Wasserkreislauf intensiviert und beschleunigt wird. Ursache hierfür ist die Gegebenheit, dass bei hohen Temperaturen mehr Wasser verdunstet und als Niederschlag wieder zurück auf die Erde gelangt.

Forschungsergebnisse zeigen, dass vor allem die Starkniederschläge zunehmen werden. Inwieweit sich die Hochwassergefahr konkret verändern wird, hängt von den regionalen Bedingungen im Einzugsgebiet eines Baches oder eines Flusses ab.

Im Folgenden werden mögliche Vorsorgemaßnahmen und Maßnahmen während und nach einem Hochwasser, die durch die Behörden und die

Bevölkerung ergriffen werden können, dargestellt und erläutert.

3.2. Präventionsmaßnahmen

Zunächst sollten sich die Bürger und die zuständigen Behörden der örtlichen Hochwassergefahr bewusst werden. Mit Hilfe von Hochwasserrisiko- und Hochwassergefahrenkarten, die unter anderem im Internet einsehbar sind (z.B. Bundesanstalt für Gewässerkunde), ist es möglich, die bestehende Gefahr für die Bevölkerung und die Eintrittswahrscheinlichkeit besser einzuschätzen. In der Regel sind drei verschiedene Szenarien für die Erstellung der Karten zu Grunde gelegt: Hochwasser mit niedriger, mittlerer und hoher Wahrscheinlichkeit. Auf Grundlage dessen sollte entschieden werden, in welchem Maße man sich gegen das Hochwasser schützen möchte. Den Behörden können solche Karten als Planungsgrundlage für Notfälle dienen. Die Verwaltung sollte ferner die Bevölkerung über das bestehende Hochwasserrisiko bzw. über mögliche Maßnahmen zur Eigenvorsorge informieren.

Darüber hinaus sind die Behörden dafür verantwortlich, dass in Überschwemmungsgebieten nicht neu gebaut wird. Die Hochwassergefahr wird mit Hilfe von entsprechenden Bebauungsplänen durch die Gemeinden und Städte, die sich an strenge Vorschriften zu halten haben, umgangen. Wird dennoch in Überschwemmungsgebieten ein Baugebiet ausgewiesen, müssen Regelungen bezüglich der Bauweise der Häuser getroffen werden. Beispielsweise ist ein kompletter Verzicht von Ölheizungen vorgeschrieben.

Zum technischen Hochwasserschutz gehören mobile Schutzwände, Talsperren, künstliche Rückhaltebecken und steuerbare Hochwasserpolder. Die Hochwasserpolder ermöglichen eine gezielte Überflutung. Der Bau von Deichen und Hochwasserschutzmauern ist ebenso fester Bestandteil des technischen Hochwasserschutzes. Dabei ist jedoch zu berücksichtigen, dass diese mitunter auch ein Teil des Problems darstellen. Denn durch sie werden natürliche Überschwemmungsflächen – auch Retentionsflächen genannt - von den Flüssen abgeschnitten und so kann das Wasser nicht mehr aufgenommen oder zurückgehalten werden. Es wird daher dringend dazu geraten, bestehende Überschwemmungsflächen zu erhalten bzw. neue Überschwemmungsflächen auszuweisen. Das Wasserhaushaltsgesetz regelt hierzu beispielsweise die Festsetzung von Überschwemmungsgebieten, die von bestimmten Nutzungen freizuhalten sind. Die Ausweisung von Überschwemmungsflächen richten sich in der Regel nach den Grenzen eines hundertjährigen Hochwassers.

Des Weiteren müssen bestehende Auenwälder geschützt bzw. deren ursprünglicher Zustand wiederhergestellt werden. Unter Umständen können Renaturierungsmaßnahmen, die an einer naturnahen Entwicklung des Flusslaufes ausgerichtet sind, dazu dienen, dass der Abfluss von Hochwasserwellen verzögert wird.

Städte und Gemeinden sollten, falls realisierbar, befestigte Flächen teilweise entsiegeln, damit eine dezentrale Regenwasserversickerung ermöglicht wird. Auch eine standortangepasste Land- und Forstwirtschaft trägt dazu bei, das Wasserspeichervermögen des Bodens zu verbessern.

Der folgenden Grafik ist zu entnehmen, wie viel Liter Niederschlag nicht von den jeweiligen Flächen aufgenommen werden.

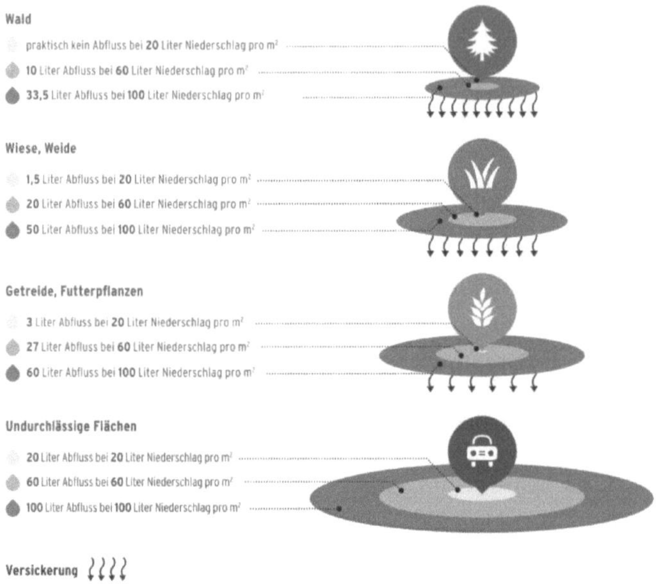

Auf Siedlungs- und Verkehrsflächen können – wie auch aus der Darstellung ersichtlich - keinerlei Niederschläge versickern. In Innenstädten machen versiegelten Flächen bis zu 70% der Gesamtfläche aus. Über Drainagen und die Kanalisation gelangt das Wasser in der Regel wieder direkt in die Bäche und die Flüsse zurück.

In der Landwirtschaft kann mit Hilfe der Art der Bodenbearbeitung und der achtsamen Nutzung der Fläche die Bodenerosion verhindert und damit gleichzeitig der Bodenwasserhaushalt gefördert werden. Als Folge ist der Boden in der Lage, mehr Wasser zu speichern. Weitere Möglichkeiten die Speicherkapazität des Bodens zu vergrößern, sind die konservierende Bodenbearbeitung der Flächen und das Umwandeln von Ackerfläche in Grünland. Dies kann beispielsweise durch das Mulchsaatverfahren und den Zwischenfruchtanbau erfolgen. Als besonders effizient im Zurückhalten von Wasser hat sich der Ökolandbau herausgestellt. Vorteilhaft ist auch ein erhöhter Humusgehalt und eine vermehrte biologische Aktivität im Boden. Bodenlebewesen wie Würmer und Spinnentiere tragen zu einer geringeren Verdichtung und zu einer erhöhten Infiltrationsrate bei. Landwirte könnten außerdem Polderflächen zur gezielten Überflutung bereitstellen und somit einen zusätzlichen Hochwasserrückhalt bieten. Das Wasserhaushaltsgesetz ermächtigt diesbezüglich die Bundesländer, Rechtsnormen zu erlassen. Die betroffenen Landwirte können gegebenenfalls einen Ausgleich bzw. eine

Entschädigung für die Bereitstellung der Flächen erhalten.

Neben der Landwirtschaft kann auch die Forstwirtschaft zum Hochwasserrisikomanagement beitragen. Gebiete, die häufig von Starkniederschlägen betroffen sind, sollten wiederaufgeforstet werden. Vor allem in Hanglagen ist die Aufforstung geeignet, Bodenerosionen zu verhindern.

Ein vorgesehener Gewässerausbau darf nicht dazu führen, dass die Hochwassergefahr in der Region steigt und dass die natürlichen Rückhalteflächen verloren gehen. Folglich sollte der Flussausbau auf das notwendige Maß zur Realisierung des Transportaufkommens reduziert werden. Kann dies nicht vermieden werden, müssen Ausgleichsmaßnahmen, z.B. in Form von Rückdeichungen oder einer Reaktivierung von Flutrinnen, durchgeführt werden.

Eine enge Zusammenarbeit ist zwischen der Wasserwirtschaft, der Regionalplanung, dem Naturschutz, der Land- und Forstwirtschaft, dem

Katastrophenschutz und weiteren Betroffenen wünschenswert. Im Idealfall wurden die Vorsorgemaßnahmen mit den angrenzenden Bundesländern bzw. den Anrainerstaaten abgesprochen und entwickelt. Durch einen gemeinsamen Datenaustausch zwischen den zuständigen Behörden können beispielsweise Hochwasserereignisse besser vorhergesagt und bewältigt werden. Des Weiteren ist das Anlegen von Retentionsflächen oder der Bau von Deichen mit den betroffenen Nachbarn abzustimmen. Negative Auswirkungen auf die nahe gelegenen Städte und Gemeinden werden dadurch vermieden.

Neben all den bereits erwähnten und von den Behörden zu treffenden Maßnahmen sind auch die Bewohner von Hochwassergebieten gefordert. Sie können zu einer schnelleren Realisierung beitragen, indem sie sich aktiv beteiligen und die Planungsverfahren unterstützen. Außerdem sollte jeder betroffene Bürger eigene Vorsorgemaßnahmen ergreifen. So ist es in Hochwasserrisikogebieten empfehlenswert, die Häuser baulich auf drohende Hochwasser - beispielsweise durch eine zusätzliche

Dichtung - vorzubereiten. Mögliche Eindringwege werden durch folgende Grafik bildlich dargestellt.

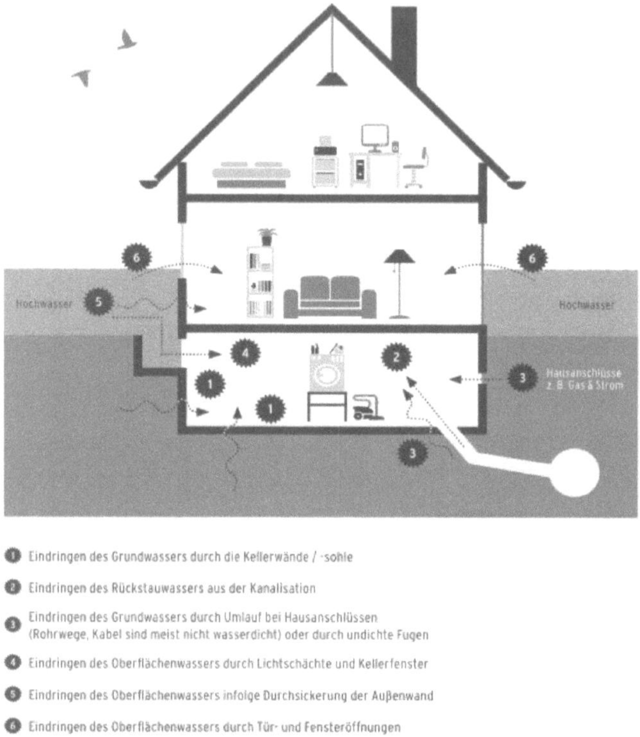

Die Gebäude sind aber nicht nur durch die Hochwasser an sich einer Gefahr ausgesetzt, sondern auch durch die Auftriebskräfte des steigenden Grundwasserspiegels, die zu einem erhöhten Wasserdruck führen. Sowohl die Sohle als auch die

Grundmauern werden durch die Strömung zunehmend belastet. Im schlimmsten Fall schwimmen die Häuser auf oder brechen. Eine vorausschauende Bauplanung muss bei der Bemessung der Gebäudeteile die Hochwassergefahr miteinbeziehen. So können beispielsweise die Wände und die Bodenbeläge im Keller aus wasserbeständigen Baustoffen gefertigt sein und im Notfall sollte eine Flutung vorgenommen werden können. Ferner kann natürlich komplett auf ein Untergeschoss verzichtet bzw. die Stelzenbauweise angewandt werden.

Bei der Hausentwässerung ist darauf zu achten, dass ein Rückstau aus der Kanalisation ausgeschlossen ist.

Das zusätzliche Absichern des Heizöltanks und der Heizungsanlage muss in Betracht gezogen werden, da durch sie bei vergangenen Hochwasserereignissen bis zu 70% der Sachschäden an Gebäuden verursacht wurden. Ausgetretenes Heizöl stellt eine enorme Belastung für den Boden bzw. die umliegenden Gewässer dar. Doch selbst das Absichern ist kein Garant dafür, dass das Heizöl nicht ins Freie gelangt. Bei einem bestimmten Wasserstand bzw. bei einem gewissen Wasserdruck kann auch ein abgesicherter

Wassertank zerstört werden. Die sicherste Variante ist, die Heizungsanlage komplett auszutauschen.

In Hochwasserrisikogebieten sollte für alle Gebäude eine Hochwasserversicherung verpflichtend sein. Elementarschadenversicherungen decken die Folgen von Naturereignissen wie Überschwemmungen und Starkregen ab. Im Regelfall müssen sie jedoch zusätzlich zur Gewerbe-, Wohngebäude- und Hausratsversicherung abgeschlossen werden, da diese die durch Hochwasser verursachten Schäden nicht beinhalten. Durch Elementarschaden-versicherungen können die Kosten für die Allgemeinheit gesenkt werden.

Im Falle eines plötzlich auftretenden Hochwassers ist es überlebensnotwendig, ausreichend Trinkwasser und Lebensmittel im Haus gelagert zu haben. Das Bundesamt für Bevölkerungsschutz und Katastrophenhilfe empfiehlt einen Lebensmittel- und Getränkevorrat für zwei Wochen. Dabei ist zu beachten, dass die Lebensmittel kalt verzehrt werden können und dass sie auch ohne Kühlung nicht verderben. Als Getränke kommen Mineralwasser und

Fruchtsäfte in Frage. Spezialkost wie Babynahrung, aber auch Tiernahrung, ist bei der Planung miteinzubeziehen. Selbstverständlich ist das Mindesthaltbarkeitsdatum zu berücksichtigen. Die Lebensmittel müssen kühl und trocken gelagert werden.

Batterien und eventuell ein Campingkocher sollten im Falle eines Stromausfalls vorhanden sein. Es ist dringend zu empfehlen, den Akku des Festnetztelefons und des Mobiltelefons aufgeladen zu haben bzw. sich ein solarbetriebenes Batterieladegerät zu besorgen. Um immer auf dem neuesten Stand zu sein, ist ein Radio, welches mit Hilfe von Batterien läuft, oder ein Kurbelradio, empfehlenswert.

An Hygieneprodukte wie Seife, Waschmittel, Zahnpasta, Feuchttücher, Klopapier und Händedesinfektionsmittel muss gedacht werden. Nach dem Rückgang des Hochwassers sind Insektenschutzmittel vorteilhaft. Eventuell ist es sinnvoll, sich für den Notfall eine Campingtoilette anzuschaffen. In der Notfallapotheke sind alle wichtigen Medikamente wie Schmerzmittel und Mittel gegen Durchfall, Übelkeit und Erbrechen aufzubewahren. Daneben sind auch Verbandsmaterialien und Wunddesinfektionsmittel in einem kühlen und trockenen Raum zu lagern. Zu beachten ist, dass das Badezimmer hierfür nicht geeignet ist.

Im Ernstfall muss geregelt sein, welches Familienmitglied welche Aufgabe übernimmt. Die verschiedenen Tätigkeiten wie das Betätigen des Hauptschalters für die Stromversorgung oder das Einsammeln von Dokumenten müssen reibungslos ablaufen.

Idealerweise sind die wichtigsten Dokumente griffbereit in einem Ordner aufbewahrt. Familienurkunden bzw. Stammbücher sind im Original dem Ordner beizufügen. Eine beglaubigte Kopie reicht bei Sparbüchern, Einkommensbescheiden, Zeugnissen, Verträgen, Patientenverfügungen etc. aus, eine einfache Kopie ist beim Personalausweis, den Grundbuchauszügen und bei Zahlungsbelegen sinnvoll.

Griffbereites Notgepäck kann im Falle eines Hochwassers sehr hilfreich sein. Damit man sich freier bewegen kann wird dazu geraten, lediglich einen Rucksack pro Familienmitglied einzuplanen. In den Notfallrucksack gehören unter anderem Erste-Hilfe-Materialien, Medikamente, Hygieneartikel und Verpflegung für zwei Tage. Natürlich dürfen die Wetterschutzbekleidung und wetterfeste Schuhe nicht vergessen werden.

3.3. Vorbereitung auf ein Hochwasser

Droht ein Hochwasser, muss der Katastrophenschutz aktiviert und die Bevölkerung schnellstens über die Gefahrenlage unterrichtet werden. Nur so können die Bürger rechtzeitig die erforderlichen Maßnahmen ergreifen. Für die Hochwasserwarnungen sind die Hochwasserzentralen zuständig. Sie sind bei den Wasserbehörden der einzelnen Bundesländer angesiedelt (z.B. Landesanstalt für Umwelt, Messungen und Naturschutz Baden-Württemberg).

Wird ein extremes Hochwasserereignis erwartet, ist eine Evakuierung einzuleiten. Dabei stehen in erster Linie Kinder, ältere Menschen und Haustiere im Vordergrund. Bevor man sich um den Erhalt des

Hauses bzw. um Sachgegenständen kümmert, sind bedürftige Personen in Sicherheit zu bringen.

Steigt das Wasser immer weiter, können mit Hilfe von Sandsäcken und Silikon die Fenster, Türen und Abflussöffnungen abgedichtet werden. Schalbretter, wasserfeste Sperrholzplatten, Dammbalken und mobile Wände sind in dieser Situation ebenso erforderlich. Gefährliche Stoffe wie Chemikalien, aber auch wertvolle Gegenstände oder technischen Geräte sollten außer Reichweite des Wassers verstaut sein. Falls möglich, sind die Kellerräume vollständig leerzuräumen. Ansonsten ist darauf zu achten, dass die technischen Geräte bzw. der komplette Strom ausgeschaltet werden.

Ebenso wird empfohlen, die Rückstauklappen im Keller zu überprüfen und Autos von gefährdeten Parkplätzen zu entfernen. Dabei ist zu berücksichtigen, dass man nicht durch überflutete Straßen fährt. Es besteht die Gefahr, dass der Katalysator bei der plötzlichen Abkühlung, die durch das Wasser verursacht wird, zerspringt und das Auto abgeschleppt werden muss.

Selbstverständlich sind Mitbewohner und Nachbarn über die bevorstehende Gefahr zu informieren.

3.4. Bewältigung des Ereignisses

Falls keine rechtzeitige Evakuierung mehr möglich war, sollte genügend Wasser aus der Leitung in den verschiedensten Gefäßen gesammelt werden. Entkeimungsmittel aus dem Campinghandel verlängert die Haltbarkeit des Trinkwassers.

Ist das Hochwasser eingetreten, sind die Hochwasserwarnungen zu verfolgen. Auf der Internetseite des Bundesamtes für Bevölkerungsschutz und Katastrophenhilfe sind beispielsweise die aktuellen, amtlichen Gefahrenhinweise einsehbar. Alternativ informiert die App 'NINA' (Notfall-Informations-Nachrichten-App), die ebenfalls vom Bundesamt für Bevölkerungsschutz und Katastrophenhilfe bereitgestellt wird, über deutschlandweite Gefahren. Die App verfügt über eine Push-Funktion, sodass jederzeit auf Warnungen hingewiesen wird. Außerdem informieren die Hochwasserzentralen der einzelnen Bundesländer über den Wasserstand der hochwasserführenden

Flüsse und sprechen Prognosen und Warnungen bzgl. des weiteren Verlaufs aus.

Immer wieder kommt es vor, dass sich Menschen vorsätzlich an Überschwemmungsgebiete begeben. Dadurch könnten die Einsatzkräfte bei ihrer Arbeit behindert werden. Dieser sogenannte 'Hochwasser-tourismus' gefährdet sowohl das eigene Leben als auch das Leben fremder Menschen. Es ist zudem gefährlich, überfluteten Straßen und Uferbereiche zu betreten, da diese unterspült sein könnten.

3.5. Nachbereitung inklusive des Wiederaufbaus

Nachdem sichergestellt wurde, dass der Grundwasserspiegel ausreichend gesunken ist, kann mit den Abpumparbeiten im Haus begonnen werden. Sollte die erforderliche Absenkung des Grundwasserspiegels keine Berücksichtigung finden, kann es eventuell zu einem Schaden an der Bodenwanne des Hauses kommen. Auskunft über die Höhe des Grundwasserspiegels erteilt in der Regel die Gemeinde.

Anschließend können der Schlamm bzw. die Wasserreste entfernt und Fotos der entstandenen Schäden für die Versicherung gemacht werden. Um Bauschäden oder Schimmel zu vermeiden, sind die Hauswände so schnell wie möglich zu trocknen. Heizgeräte, die man auch mieten kann, sind hierbei sehr hilfreich.

Die Elektrik, die beschädigte Bausubstanz und der Heizöltank müssen von einem Fachmann überprüft werden. Sind Schadstoffe wie Benzin und Lackfarben ausgetreten, wird die ansässige Feuerwehr darüber informiert. Beschädigte Möbel und verdorbene Lebensmittel werden fachgerecht entsorgt. Auch das verunreinigte Obst und Gemüse aus dem Garten eignet sich nicht mehr zum Verzehr und muss vernichtet werden.

3.6. Fazit

Im Falle eines drohenden Hochwassers stehen der Bevölkerung und den Behörden eine Fülle von Maßnahmen zur Verfügung. Für einen effektiven Hochwasserschutz sind jedoch oft erhebliche finanzielle Mittel erforderlich. Nicht alle Bürger und nicht jede Gemeinde ist daher mit den zum Teil aufwendigen und den die Umwelt verändernden Vorsorgemaßnahmen einverstanden. Doch wie viele Beispiele aus der Vergangenheit zeigen, ist der durch Überschwemmungen entstandene materielle und immaterielle Schaden nicht selten um ein Vielfaches höher als die Kosten für die zu treffende Vorsorge. Je nach Region muss daher abgewogen werden, inwieweit Hochwasserschutzmaßnahmen durchzuführen sind. Sicher ist, dass uns die Gefahr vor Hochwasser auch in den kommenden Jahren und Jahrzehnten begleitet. Es bleibt zu hoffen, dass sich die Bevölkerung der Thematik zunehmend annimmt, Vorsorge trifft und somit Schaden für die Menschen und die Umwelt vermieden wird.

Quellen

Bundesamt für Bevölkerungsschutz und Katastrophenhilfe: „Ratgeber für Notfallvorsorge und richtiges Handeln in Notsituationen“ (2016):

http://www.bbk.bund.de/SharedDocs/Downloads/BBK/DE/Publikationen/Broschueren_Flyer/Buergerinformationen_A4/Ratgeber_Brosch.pdf?__blob=publicationFile, abgerufen am 13.12.2016

Bundesanstalt für Gewässerkunde: „Überflutungsszenarien der HWRMRL-DE“:

http://geoportal.bafg.de/mapapps/resources/apps/HWRMRL-DE/index.html?lang=de, abgerufen am 13.12.2016

Landesanstalt für Umwelt, Messungen und Naturschutz Baden Württemberg: „HVZ-Pegelkarte“:

http://www.hvz.baden-wuerttemberg.de/, abgerufen am 13.12.2016

Umweltbundesamt für Mensch und Umwelt: „Hochwasser – verstehen, erkennen und handeln“ (2011):

http://www.umweltbundesamt.de/sites/default/files/medien/378/publikationen/uba_hochwasser_barrierefrei_new.pdf, abgerufen am 13.12.2016